MODÈLES

DE

GRANDEUR D'AME.

Grâce, grâce pour l'homme!....

Paroles du duc de Berry au lit de la mort.

MODÈLES
DE
GRANDEUR D'AME,

OU

DÉTAILS INTÉRESSANS SUR LA VIE ET LA MORT

DU DUC DE BERRY.

LILLE.

L. LEFORT, LIBRAIRE, IMPRIMEUR DU ROI,
RUE ESQUERMOISE, N.º 55.

1830.

PROPRIÉTÉ DE L'ÉDITEUR.

INTRODUCTION.

Les orages avoient passé sur la postérité de Louis XIV. Agrandie encore par le malheur, elle venoit de recouvrer la place qui lui fut assignée par le Ciel. Un rameau bienfaisant et fertile promettoit de perpétuer la gloire du trône et le bonheur des peuples ; la révolution s'est agitée dans ses antres ; elle a aiguisé le fer d'un assassin obscur, et le fertile rameau a disparu.

Mais Dieu, qui se joue des projets des méchans, n'a reçu qu'une partie du sanglant holocauste. Il a rendu le crime inutile à ceux qui l'avoient provoqué. Il en a fait retomber sur eux toute l'horreur, et n'a pas permis qu'ils en goûtassent les coupables fruits.

Il nous a donné un rejeton du sang

auguste qui tant de fois a coulé pour la France. Bénissons sa sagesse et sa bonté. Adorons son éternelle munificence qui, au jour même de la colère, tient toujours en réserve les dons les plus précieux pour l'avenir.

VIE
DU DUC DE BERRY.

Charles-Ferdinand d'Artois, duc de Berry, naquit à Versailles le 24 janvier 1778, de Charles-Philippe de France, alors comte d'Artois, aujourd'hui Roi de France, et de Marie-Thérèse de Savoie. Déjà un autre fils étoit né de cette union, c'étoit Mgr. le duc d'Angoûleme, aujourd'hui Dauphin, il avoit deux ans et demi plus que son frère.

La première enfance du duc de Berry fut confiée à la marquise de Caumont, et à l'âge de cinq ans et demi on le retira des mains de cette dame pour le remettre à celles de M. le duc de Sérent, déjà pourvu des honorables fonctions de gouverneur de M. le duc d'Angoulême.

Ce respectable seigneur, qui se montra fidèle, malgré l'adversité, et perdit deux de ses fils dans les guerres de Bretagne, alla, avec les jeunes princes commis à sa garde, habiter le château de Beauregard, situé près de Versailles. Un bois antique faisoit le principal ornement de ce château. On voulut y ajouter une pièce d'eau, et les princes y travaillèrent de leurs mains. Le tout subsiste encore.

Retiré dans cette solitude, le sage gouverneur s'attacha à former le cœur et l'esprit de ses augustes élèves. En les prémunissant contre les piéges de l'orgueil, en leur inspirant l'amour de la religion et le goût des vertus, il croyoit ne les garantir que des dangers qui environnent la fortune et la puissance, et sans y songer, peut-être, il les disposoit pour les temps de l'exil et du malheur.

Le duc de Sérent étoit secondé par des hommes d'un mérite supérieur, MM. de Buffevent, de la Bourdonnaie et D'arbouville, sous-gouverneurs des jeunes Princes; et les abbés Marie et Guénée, sous-précepteurs.

Les inclinations des deux frères commençoient à se manifester d'une manière tout-à-fait différente. Le duc d'Angoulême s'appliquoit avec plaisir à l'étude des sciences; le duc de Berry ne montroit un goût décidé que pour les arts et les exercices du corps.

Le dernier étoit fougueux comme l'élève de Fénélon, mais plein de saillies d'esprit et d'effusions de cœur. Il avoit la figure agréable et le teint animé. Ses manières étoient franches, ouvertes, et la gaieté la plus folâtre présidoit à tous les délassemens de son enfance.

On a souvent répété ce trait de lui qui peint à la fois et la vivacité de son caractère et la bonté de son cœur.

« Un monsieur Rochon, maître d'écriture des jeunes Princes, avoit éprouvé une perte considérable, causée par un incendie. M. le duc de Berry pria son gouverneur de lui donner vingt-cinq louis, pour le pauvre Rochon. M. le duc de Sérent y consentit, mais à condition que le Prince satisferoit son maître pendant quinze jours, sans lui parler des vingt-cinq louis. Voilà Monseigeur à l'ouvrage ; il trace de grandes lettres le moins de travers possible. Rochon s'émerveille à ce changement subit, et ne cesse d'applaudir à son élève. Les quinze jours se passent, M. le duc de Berry reçoit les vingt-cinq louis, et les porte triomphant

à Rochon. Celui-ci, ne sachant si le gouverneur consentoit à cette générosité, refuse de recevoir l'argent. L'enfant insiste. Le maître se défend. L'impatience saisit le jeune Prince, qui s'écrie, en jetant les vingt-cinq louis sur la table : « prenez-les; ils m'ont
» coûté assez cher : c'est pour cela que j'é-
» cris si bien depuis quinze jours ! »

La révolution, qui grondoit au loin depuis quelque temps, s'approcha menaçante et déploya enfin ses criminels étendards. Les jours de la famille royale étant exposés, le Roi lui ordonna de se retirer. Mgr. le Comte d'Artois partit pour les Pays-Bas, en chargeant le duc de Sérent de lui amener promptement ses deux fils.

Cette mission étoit dangereuse ; il falloit traverser, sans escorte, une partie du royaume, où l'insurrection gagnoit de proche en proche avec une rapidité effrayante. M. de Sérent ne crut pas devoir confier son projet aux jeunes princes. Il leur parla d'un régiment d'hussards qu'ils avoient vu peu de jours auparavant, et leur proposa d'aller voir ce corps à sa garnison. La partie acceptée avec joie, les enfans montent dans une chaise de poste et partent secrètement au milieu de la nuit. L'ordre étoit donné de faire la plus grande diligence, et, grâce à la vîtesse des chevaux, on arriva à la frontière sans avoir éprouvé aucun accident fâcheux.

Avant de quitter cette terre de France, si chère encore malgré l'ingratitude d'une partie de ses enfans, le gouverneur fit part aux jeunes Princes du motif de leur voyage, et leur apprit que dans le pays qu'ils abandonnoient, leurs têtes innocentes étoient proscrites, leurs jours menacés. Ils se regardèrent avec étonnement ; qu'avoient-ils fait l'un et l'autre ! tout-à-coup le duc de Berry se tourne vers son gouverneur et lui dit avec un accent prophétique : « Nous » reviendrons. »

Ils restèrent peu de temps à Bruxelles, où le duc de Sérent les avoit conduits d'abord. Un asile plus sûr leur étoit offert par le Roi de Sardaigne, leur grand-père, qui ne cessa de montrer le plus généreux attachement pour les Bourbons malheureux et leurs fidèles compagnons d'infortune. Les Princes partirent donc pour Turin au mois d'octobre 1789, environ trois mois après leur sortie de France.

La cour du Turin s'amusa beaucoup des saillies et de la vivacité du duc de Berry ; mais à travers ses brillans enfantillages on apercevoit aisément les qualités solides qui devoient bientôt lui mériter l'estime de l'Europe et les suffrages de ces vieux chevaliers qui avoient tout sacrifié pour suivre la fortune de leurs Princes.

L'éducation des jeunes Ducs n'avoit pas été suspendue, et leur exil l'avoit rendue encore plus nécessaire. Le duc de Sérent commença à leur développer les premiers élémens de l'art militaire, qu'ils ne devoient pas tarder à pratiquer eux-mêmes. Il y avoit à Turin une bonne école d'artillerie dont ils suivirent assidument les exercices. Ils passèrent par tous les grades, depuis le rang de simple canonnier jusqu'à celui de capitaine. Ils acquirent assez d'habitude pour pointer et charger leurs pièces avec la rapidité et la précision des artilleurs les plus exercés. Pour que rien de ce qui a rapport à la guerre ne leur fût étranger, ils fondirent même deux canons, sur lesquels leurs noms furent gravés. Par un effet singulier des circonstances, l'une de ces deux pièces de canon tomba plus tard entre les mains des

Français, et fut mise dans un de nos dépôts d'artillerie, où elle demeura assez long-temps.

Il n'y avoit pas deux ans que les jeunes princes étoient en Piémont, lorsqu'un cri de guerre retentit dans toute l'Europe. L'assemblée nationale avoit elle-même forcé le Roi à la déclarer à l'Autriche et à la Prusse. Les princes français s'empressoient de réunir autour d'eux l'élite de cette généreuse noblesse, qui avoit tout quitté, biens, patrie, plutôt que d'abandonner le drapeau sans tache. Le duc de Berry étoit impatient de voir ces braves gentilshommes, de partager leurs travaux, leurs dangers. « Mar-
» chons, écrivoit-il à son père, marchons
» pour rendre la liberté à notre malheureux
» Roi ; trente-deux officiers du régiment de
» Vexin sont arrivés à Nice, remplis de
» zéle et de courage ; je n'en manque pas
» non plus, et suis prêt à me bien battre. »

Ses vœux ne furent réalisés que l'année suivante. Il partit de Turin, au mois d'août 1792, avec son frère, pour rejoindre en Flandre le corps nombreux qui devoit ouvrir la campagne sous les ordres de Monsieur, comte de Provence, et du comte d'Artois. Cette armée offroit un aspect singulier : les corps d'officiers y faisoient le service de soldats ; la marine étoit à cheval ; les gentilshommes volontaires, qui arrivoient chaque jour, se formoient en compagnies, distinguées entre elles par noms de provinces. La gaieté présidoit aux travaux du camp. Barons, chevaliers, simples soldats, alloient ensemble puiser l'eau, couper le bois, préparer les vivres ; le son de la trompette ennoblissoit tout cela. Et puis, cette campagne devoit tout finir ; on le croyoit du moins. Quel plaisir, à la fin de l'automne de revoir le manoir héréditaire, la colline ombragée par de jeunes plantations; de s'asseoir autour du grand foyer et de raconter à de vieux serviteurs les aventures de l'émigration! Que de rêves semblables il falloit encore faire avant d'arriver à la réalité.

Ce fut au siége de Thionville que le duc de Berry fit ses premières armes. Cependant il ne s'y trouva pas assez exposé à son gré, car il disoit aux compagnies Bretonnes, qui étoient les plus avancées vers la place :
» Que je voudrois être Breton pour voir
» l'ennemi de plus près. »

Bientôt les Prussiens évacuèrent la Champagne, et les princes français, enchaînés malgré eux à la politique des cours étrangères, se virent obligés de licencier leur armée, dont une partie se reforma sous les ordres du prince de Condé. Les ducs de Berry et d'Angoulême, qui n'avoient pu obtenir d'aller combattre sous cet illustre chef, se retirèrent au château de Ham pour y achever leur éducation militaire. Ils devinrent en peu de temps d'excellens cavaliers, et apprirent à manier, avec autant de grâce que d'adresse, les chevaux les plus fougueux. Enfin, au commencement de la campagne de 1794, le duc d'Angoulême partit pour aller rejoindre en Hollande un corps d'émigrés, et le duc de Berry reçut l'autorisation de partir pour l'armée de Condé. « Monsieur mon cousin, écrivit-il
» sur-le-champ à ce prince, je ne puis vous
» exprimer la joie que j'ai éprouvée lorsque
» mon père m'a annoncé que j'allois servir
» sous vos ordres. J'ai une grande impa-
» tience de vous voir, ainsi que tous les
» braves gentilshommes que vous com-
» mandez. Je suis gentilhomme comme
» eux, c'est un titre dont je m'honore, et

» j'espère que vous trouverez en moi la
» même soumission, et sur-tout le même
» zèle. »

Il arriva à Rastadt le 28 juillet, accompagné du comte de Damas-Crux, et du chevalier Lageard. Le prince de Condé lui fit l'accueil le plus tendre, et lui dit en le serrant dans ses bras : « Je crains bien,
» monseigneur, que nous ne nous *amusions*
» pas autant cette campagne que nous
» aurions pu le faire l'année dernière; mais
» ce n'est pas ma faute. »

L'armée de Condé étoit à sa troisième campagne, quand le duc de Berry vint s'associer à ses périls. Avec quel plaisir il considéroit ces preux chevaliers, vainqueurs à Weissembourg et à Berstheim. Leurs visages brunis, leurs habits percés de balles et de coups de baïonnettes attestoient leurs glorieux services. Mais parmi tous ces guerriers, celui pour qui le jeune Prince se sentit entraîné par la plus vive sympathie, étoit l'illustre et malheureux duc d'Enghien, héros de vingt-deux ans, qui l'adopta pour son frère d'armes, et le guida plus d'une fois au milieu des combats.

Vu l'extrême jeunesse du fils de France

qui lui étoit confié, le prince de Condé chargea du soin de veiller à sa sûreté, le baron de Larochefoucault, maréchal-général-des-logis. « Mais, lui dit-il, prenez » garde qu'il s'en aperçoive, car il s'en » fâcheroit. » Le jeune Prince n'eût pas souffert en effet qu'une prudence excessive s'interposât entre lui et les balles de l'ennemi. Le jeune Prince servit d'abord comme volontaire, et se fit remarquer par son amour pour la discipline. Personne mieux que lui ne connoissoit les règlemens militaires, et personne aussi ne montroit plus d'empressement à s'y soumettre. Les usages étrangers à la France étoient les seuls auxquels il eut de la peine à se plier. « Hé » quoi ! disoit-il, prendre les grosses bottes » et tout l'attirail d'un Prussien, moi qui » suis Français autant que possible ! »

En attendant qu'une affaire importante lui permît de se distinguer, il étudioit les champs de bataille où avoient tant de fois triomphé les Français de la monarchie ; il assistoit à toutes les reconnoissances, et n'eût pas voulu manquer à la moindre escarmouche. Lorsqu'on lui représentoit qu'il se feroit blesser : « Tant mieux, répondoit-

» il, cela fait honneur à une famille. » Un autre jour, il écrivoit : « La guerre va re-
» commencer, nous en serons, nous autres
» princes. Il faut espérer, pour l'honneur
» du corps, que quelqu'un de nous s'y fera
» tuer. »

Le duc de Berry passa par tous les grades militaires, et prit, le 23 juillet 1796, le commandement de la cavalerie, en remplacement du duc d'Enghien, qui passa à celui de l'avant-garde. C'est en cette qualité qu'il fit les campagnes de 1795, 1796 et 1797. A l'affaire de Steinstadt, qui dura toute la journée, l'avant-garde de l'armée de Condé ayant été seule chargée de l'attaque du village, le duc de Berry s'indignoit de l'inaction à laquelle on le condamnoit : tout-à-coup, il échappe aux officiers placés près de sa personne, pénètre dans le village avec les premiers hussards qu'il rencontre, le traverse, et s'y maintient pendant plusieurs heures, au milieu d'une grêle de boulets et de bombes, qui portent le ravage autour du Prince, et tuent à son côté un brave officier du génie, nommé Dumoulin.

A l'attaque du pont d'Huningue, le duc de Berry alla visiter les ouvrages, et s'arrêta un moment sur les revers de la tranchée avec quelques officiers. Mais ce groupe devoit attirer l'attention de l'ennemi : deux pièces de canon, placées sur l'autre rive du Rhin, tirèrent en même temps et renversèrent un gabion, près duquel se trouvoit le duc de Berry, qui en fut tout couvert de terre.

Ce Prince ne montra pas moins de sang-froid et d'intrépidité à Kamelach, à Munich, à Schusseinried. Il suivit le général Moreau dans sa belle retraite, et obtint de l'archiduc Charles la faveur de faire le siége du fort de Kehl. Là, encore, un officier de marque fut tué à ses côtés : c'étoit le chevalier de Francheu, aide-de-camp du duc de Bourbon.

A Offenbourg, il se tint presque toujours dans la tranchée, et fut pour tous un modèle d'exactitude et de surveillance. Scrupuleusement appliqué à ses devoirs, il exigeoit dans les autres le même soin, et sa vivacité l'emportoit quelquefois trop loin ; mais toujours la bonté de son cœur lui faisoit réparer promptement sa faute avec autant de grâce que de noblesse.

L'armée étoit au cantonnement de Steinstadt, lorsqu'elle apprit la mort de Louis

XVII. Le 16 juin 1795, l'armée prit les armes et se forma en carré autour d'un autel qui avoit été dressé à la hâte sur la lisière d'un taillis. L'abbé Corbilly y célébra la messe en présence du prince de Condé, des ducs de Berry, de Bourbon et d'Enghien. Le service étant terminé, le prince de Condé adresse aux troupes cette noble harangue :

« Messieurs, Mgr. le duc de Berry m'or-
» donne de prendre la parole. A peine les
» tombeaux de Louis XVI, de la Reine et
» de leur auguste sœur se sont-ils fermés,
» que nous les voyons se rouvrir pour
» réunir à ces illustres victimes l'objet le
» plus intéressant de notre amour, de nos
» espérances et de nos regrets... Après avoir
» invoqué le Dieu des miséricordes pour le
» Roi que nous perdons, prions le Dieu des
» armées de prolonger les jours du Roi
» qu'il nous donne. *Le Roi Louis XVII*
» *est mort : vive le Roi Louis XVIII !* »

Ce cri fut répété par toute l'armée, et le duc de Berry élevant un drapeau blanc, proclama le premier le monarque que la Providence tenoit en réserve pour le temps de la miséricorde.

Bientôt après, ce Roi, qui *n'avoit plus d'a-*

sile hors celui de l'honneur, arriva à l'armée où il étoit attendu avec la plus vive impatience. A cette occasion, le duc de Berry obtint la remise de toutes les peines de discipline prononcées contre des militaires de l'armée, afin qu'aucun d'eux ne fût privé du bonheur de contempler les traits augustes de son Roi.

« On rangea en bataille des soldats à peine vêtus, le visage noirci par la fumée de la poudre, par le soleil et les frimats ; on déploya des drapeaux blancs déchirés, percés de boulets, criblés de balles, et semblables à cette oriflamme usée par la gloire que l'on voyoit dans le trésor de Saint-Denis. » Mais la joie causée par la présence du Roi fut de courte durée. Déjà la politique autrichienne s'effrayoit de sa présence sur les bords du Rhin, et craignoit l'influence de ses vertus sur des soldats égarés, qu'une seule rencontre pouvoit ramener à ses pieds ; d'un autre côté les émigrés ne voyoient pas sans inquiétude le Roi de France exposé à la chance des combats ; ainsi Louis XVIII fut encore éloigné de ses fidèles sujets, et des négociations qui eurent lieu vers le même temps, en suspendant la guerre, donnèrent quelque loisir aux soldats de Condé.

Le duc de Berry en profita pour voyager et pour aller consoler sa famille, dispersée par le malheur. Mais quoiqu'éloigné de l'armée, son cœur y étoit toujours. Voici ce qu'il écrivit au prince de Condé en 1797.

« Enfin, monsieur, mon frère est arrivé
» hier. Vous jugerez facilement de la joie
» que j'ai éprouvée en le revoyant ; ma joie
» est d'autant plus vive que mon retour à
» l'armée sera très-prompt ; nous ne devons
» rester que cinq ou six jours ici, et nous
» ne perdrons pas de temps en chemin pour
» revenir. Je fais bien des vœux pour qu'on
» ne tire pas de coups de fusil pendant mon
» absence ; mais que cette campagne qu'on
» peut bien regarder, je crois, comme la
» dernière, soit active. Je le désire vive-
» ment pour mon instruction et pour mon
» frère ; car je suis persuadé qu'il faut que
» les Bourbons se montrent, et beaucoup,
» et que, hors de France, ils doivent com-
» mencer par gagner l'estime des Français
» avec leur amour. »

Le duc de Berry rejoignit en effet bientôt l'armée ; mais cette campagne ne répondit pas à ses vœux, au moins par ses résultats. Elle fut courte et se termina par l'armistice conclu à Léoben. L'armée de Condé dut alors passer en Russie. Elle étoit encore forte de plus de dix mille hommes. Pendant cette longue route, le duc de Berry, en l'absence du prince de Condé, prit le commandement de l'armée, s'acquitta de cette mission aussi pénible qu'honorable, de manière à se concilier l'estime et l'amour de tous ses subordonnés.

Lorsqu'il eut conduit cette brave armée en Volhinie, dans les cantonnemens qui lui étoient destinés, il la quitta pour se rendre à Blakembourg, près du roi, et fit ses adieux dans l'ordre du jour suivant :

« Après avoir été si long-temps au milieu
» et à la tête de la noblesse française qui,
» toujours fidèle, toujours guidée par l'hon-
» neur, n'a pas cessé un instant de com-
» battre pour le rétablissement de l'autel et
» du trône, il est bien affligeant pour moi
» de me séparer d'elle, dans le moment
» sur-tout où elle donne une nouvelle preuve
» d'attachement à la cause qu'elle a em-
» brassée, en préférant abandonner ses

» biens et sa patrie, plutôt que de jamais
» plier sa tête sous le joug républicain.

» Au milieu des peines qui m'affligent,
» j'éprouve une véritable consolation en
» voyant un souverain aussi généreux que
» S. M. l'empereur de Russie, recueillir et
» recevoir le dépôt précieux de cette no-
» blesse malheureuse, et la laissant toujours
» sous la conduite d'un prince que l'Europe
» admire, que les bons Français chérissent,
» et qui m'a servi de guide et de père
» depuis trois ans que je combats sous ses
» ordres.

» Je vais rejoindre le roi ; je ne lui par-
» lerai pas du zèle, de l'activité et de l'atta-
» chement dont la noblesse française a
» donné tant de preuves dans cette guerre.
» Il connoît tous ses mérites, et sait les
» apprécier. Je me bornerai à lui marquer
» le vif désir que j'ai et que j'aurai toujours
» de rejoindre mes braves compagnons
» d'armes ; et je les prie d'être bien per-
» suadés que, quelque distance qui me
» sépare d'eux, mon cœur leur sera éter-
» nellement attaché, et que je n'oublierai
» jamais les nombreux sacrifices qu'ils ont

» faits, et les vertus héroïques dont ils ont
» donné tant d'exemples. »

Le duc de Berry employa une partie de l'année 1798 à visiter le roi et le prince son père. Ce dernier habitoit alors Edimbourg. Après avoir passé quelque temps près de lui, le duc de Berry quitta l'Ecosse, pour retourner en Russie. Il se rendit d'abord à Mittau, près du roi, et s'en sépara bientôt pour rejoindre l'armée en Volhinie. La Russie, s'étant déterminée à venir au secours de l'Autriche, venoit de donner au prince de Condé l'ordre de se tenir prêt à marcher, avec ses nobles compagnons d'exil. Cet ordre ranima dans leurs cœurs l'amour des combats, et le désir de revoir leur patrie. Chacun se disposa à la hâte à rentrer en campagne. L'armée se forma en trois colonnes; la première, commandée par Mgr. le prince de Condé; la seconde par le duc de Berry, et composée du régiment noble à cheval, du régiment d'infanterie de Durant, et de l'artillerie; la troisième sous les ordres du duc d'Enghien.

On se mit ainsi en marche pour les bords du Rhin, où étoit le rendez-vous général des troupes alliées. En passant par le bourg de Friedeck, en Silésie, le duc de Berry reçut la nouvelle du mariage de son frère avec l'auguste orpheline du Temple. Elle fut mise à l'ordre du jour, ainsi qu'une lettre dans laquelle le roi disoit au prince de Condé : « Apprenez cette heureuse » nouvelle à l'armée; elle ne peut paroître » que d'un bon augure à vos braves com- » pagnons, au moment où ils vont rentrer » dans la carrière qu'ils ont si glorieuse- » ment parcourue. »

Après une marche de quatre cents lieues, l'armée arriva, le 1.ᵉʳ octobre, dans les environs de Constance. Elle eut à traverser plusieurs de ses champs de bataille; le silence y régnoit comme avant les jours du carnage; la terre recouvroit les ossemens des braves, et déjà le soc de la charrue avoit passé là. Elle revit de même les sombres forêts au sein desquelles elle avoit en quelque sorte pris naissance. Rien n'y étoit changé, et les nouveaux combats qui devoient s'y livrer, ne devoient pas avoir un plus heureux succès que les précédens.

La première affaire de cette campagne fut l'attaque de Constance par les républicains. On se battit à la baïonnette jusque dans les rues de cette ville, et le duc de Berry y montra une grande intrépidité. Mais peu de temps après ce combat, la désunion se mit parmi les Russes et les Autrichiens. Les premiers retournèrent dans leur patrie. Les autres songeoient à licencier l'armée de Condé; mais elle fut conservée au moyen des subsides fournis par l'Angleterre.

Pendant ce mélange de combats et de voyages, le roi avoit pensé à un mariage pour son neveu, et il avoit jeté les yeux sur la famille royale de Naples. Fugitif, détrôné, cet excellent prince, inspiroit tant d'intérêt et de vénération que les propositions qu'il fit faire à ce sujet par son ambassadeur à Naples, furent accueillies avec autant de distinction que s'il eût été environné de tout l'éclat de la prospérité.

Mgr. le duc de Berry se rendit alors lui-même en Italie, et passa par Clagenfurth où résidoit la princesse sa mère. Après un court séjour dans cette ville, il en repartit pour Palerme. Il espéroit l'année suivante revenir avec l'armée en Italie et s'embarquer à Livourne pour opérer une descente en Provence, où les royalistes se montroient disposés à prendre les armes; mais l'entreprise ne put avoir lieu.

Le séjour du prince à la cour de Sicile donna lieu de le connoître et d'apprécier sous un nouveau point de vue les qualités morales qui le distinguoient. Son caractère plut à la famille royale, et il fut à peu près convenu qu'il épouseroit la princesse Christine; mais l'époque n'en fut pas déterminée.

Bientôt après, la reine de Naples et les princesses ses filles étant parties pour Vienne, le duc de Berry quitta la Sicile, et vint séjourner quelque temps à Rome, avec dessein de servir dans le corps napolitain qui occupoit cette ville. Le vénérable pontife Pie VI étoit mort à Valence, et son successeur élu à Venise le 14 mars 1800, n'étoit pas encore arrivé, quand le prince vint à Rome. Ce dernier employa ses loisirs à se livrer au goût des arts. La musique et la peinture dans lesquelles il se perfectionna beaucoup, devinrent ses occupations favorites. Il jouoit de plusieurs instrumens, chantoit d'une manière agréable, et dessinoit fort bien, sur-tout les scènes militaires : il se connoissoit aussi en tableaux mieux que les hommes les plus exercés.

Tandis que le duc de Berry mettoit ainsi à profit le temps du repos, l'armée de Condé s'avançoit vers l'Italie, et déjà elle étoit à la hauteur de Venise, lorsque de nouveaux ordres la forcèrent de rentrer en Allemagne où la guerre alloit recommencer. Le duc de Berry reçut à Rome la nouvelle positive que cette armée alloit se trouver engagée, et qu'elle avoit été rejointe par le duc d'Angoulême qui avoit pris le commandement du régiment noble à cheval. Il ne put résister au double désir de revoir un frère chéri et de combattre à ses côtés, et quitta furtivement la capitale du monde chrétien pour aller partager les derniers lauriers de cette troupe héroïque dont il s'étoit déjà montré digne de faire partie.

Le corps de Condé, rappelé pour faire face aux républicains qui s'avançoient dans la Bavière, entra en ligne dans l'armée autrichienne sur les bords de l'Inn. C'est là que le duc de Berry la trouva. Son entrevue avec le duc d'Angoulême fut fort touchante. Leur séparation avoit été longue ; mais elle n'avoit rien diminué de l'attachement qu'ils avoient l'un pour l'autre. Le duc de Berry servit comme simple volontaire dans le régiment noble à cheval qu'il avoit formé. Obéissant à son frère aussi bien que le dernier soldat, il donnoit un exemple éclatant de cette soumission des Bourbons les uns envers les autres dans l'ordre de l'hérédité, soumission qui, en manifestant les vertus naturelles de cette famille chérie, est aussi une sorte de profession authentique du principe de la légitimité.

Les armées d'Allemagne, à cette époque, occupoient peu l'attention. Tout l'intérêt se portoit vers l'Italie où le sort de l'Europe alloit dépendre du gain d'une bataille. Celle de Marengo fut décisive. Elle assura la fortune de Bonaparte et lui applanit le chemin du trône. Cette bataille fut suivie d'un armistice prolongé jusqu'au 20 octobre. Alors les hostilités recommencèrent, mais foiblement. L'armée de Condé, postée sur l'Inn, défendoit le passage de cette rivière, entre Weissembourg et Neuheieren. Elle y fut sacrifiée par les mauvaises dispositions des Autrichiens. On peut en juger par le bulletin suivant, écrit par le duc de Berry lui-même et envoyé à la reine de Naples.

» Nous avons eu bien des désastres; mais
» je vous assure que pour ceux qui les ont

» vus, ces événemens sont fort singuliers.
» Le peu de précaution que l'on a pris à la
» bataille du 3, près Ebesberg, l'inaction
» où l'on a laissé et les corps qui étoient
» à Wasserburg, et nous, avec M. de Cha-
» telair, qui pouvions attaquer avec succès
» sur Munich; mais principalement le pas-
» sage de l'Inn que l'on a laissé forcer, sans
» vouloir prendre aucune mesure raison-
» nable pour l'empêcher; tout cela est fort
» extraordinaire.
» Déjà depuis plus de dix jours l'on sa-
» voit que les forces de l'armée de Moreau
» se portoient devant nous. Avec quinze
» cents hommes d'infanterie et douze cents
» chevaux (ce qui fait la totalité du corps),
» nous gardions depuis la gauche de Was-
» serburg jusqu'au-delà de Neubeieren,
» c'est-à-dire plus de six lieues. Le 15 de
» ce mois, un corps de quinze cents Autri-
» chiens, sous les ordres du feld-maré-
» chal........, s'étoit porté à Hartmansberg,
» à cinq lieues du pont de Rozenheim, où
» étoient nos batteries. Il est connu, par
» l'exemple des anciennes guerres et par
» la vue du pays, que le passage de Neu-
» beieren est non-seulement facile, mais le

» seul praticable. Malgré les représentations
» que M. le prince de Condé avoit faites le
» soir, aucun secours ne lui avoit été
» donné, et les Autrichiens ne s'étoient pas
» rapprochés. Le 9, à la pointe du jour,
» les ennemis ouvrirent un feu terrible sur
» nos batteries ; en même temps trois di-
» visions passèrent l'Inn entre Neubeieren
» et Rohrdorff, défendu ou plutôt observé
» par vingt-cinq dragons d'Enghien, et
» douze hommes du Durand. Les Français
» s'avancèrent en se battant toujours contre
» M. le duc d'Enghien (qui avoit réuni
» son régiment et celui de Durand) jus-
» qu'au village de Riedering. Les Autri-
» chiens n'arrivèrent qu'à une heure. Le
» général...... s'emporta beaucoup sur ce
» que nous avions laissé passer deux mille
» cinq cents hommes devant vingt-cinq
» dragons, et sur-tout de ce que Mgr. le
» Prince de Condé avoit abandonné la po-
» sition de Rozenheim, où le canon nous
» avoit démonté deux pièces, tuant hommes
» et chevaux; les Français d'ailleurs nous
» ayant débordés, et étant déjà à Riede-
» ring, à deux lieues en arrière de la position.
» Le général...... envoya le général Giulay

» avec sa division pour se joindre avec
» Mgr. le duc d'Enghien, et forcer Riede-
» ring. Cet ordre fut exécuté. Mgr. le
» prince de Condé et Mgr. le duc d'An-
» goulême attaquèrent avec les grenadiers de
» Bourbon, et emportèrent sur-le-champ
» les batteries de l'ennemi. Mgr. le duc
» d'Enghien chargea avec les dragons à
» pied, le régiment de Durand et les dra-
» gons de Kinski; ces trois corps se cou-
» vrirent de gloire. Le comte de Giulay
» faisoit tous ses efforts pour nous faire ap-
» puyer par l'infanterie autrichienne : elle
» étoit harassée de tant de combats. Trop
» foibles, il fallut renoncer à nos avantages,
» et les Français reprirent leur position, où
» ils se maintinrent jusqu'à la nuit.

» Le brave régiment de Durand a été
» écrasé; douze grenadiers seulement sur
» la totalité de la compagnie revinrent de
» l'affaire. Mgr. le duc d'Enghien a eu un
» cheval tué sous lui, et a perdu beau-
» coup de dragons. Gaston de Damas,
» frère cadet de Roger, a été blessé, ainsi
» que plusieurs autres officiers de distinc-
» tion. Le général major La Serre a été

» blessé grièvement en combattant avec les
» grenadiers de Durand.

» Depuis ce moment nous n'avons cessé
» de marcher le jour ou la nuit. Nous
» venons occuper la position de Rottman,
» par où les Français pourroient arriver sur
» Léoben.

» Nous apprenons dans ce moment que
» les Français ont forcé le passage de la
» Salza à Lauffen. »

On admire ici avec quelle modestie le duc de Berry garde ici le silence sur tout ce qui le concerne, pour ne parler que de son frère et du duc d'Enghien. Cependant il avoit montré la même bravoure, et il avoit même fallu que le prince de Condé employât son autorité pour le faire retirer de la mêlée où il s'exposoit inutilement.

La paix de 1801 amena enfin la dissolution définitive du corps de Condé. Les soldats qui le composoient n'avoient plus de foyer : leur camp étoit devenu pour eux une seconde patrie. Ils s'en arrachèrent avec une vive douleur. Les uns s'arrêtoient tristement devant les faisceaux d'armes ; les autres pleuroient assis sur des canons ; on en voyoit errer dans les rues du camp, auxquelles ils avoient donné des noms empruntés des différentes provinces où ils avoient reçu le jour. Pour prix de tant de sang versé pour la plus noble cause, on leur disputoit le chétif secours qu'une pitié étrangère n'avoit pas osé leur refuser ; et il falloit pour l'obtenir qu'ils montrassent leurs blessures à des commissaires au cœur de roche, qui ne rougissoient pas de dresser un tarif de réduction pour celles de ces blessures qui n'étoient pas trop graves.

Le duc de Berry, non moins affligé que ses compagnons d'infortune, leur cachoit sa douleur, et couroit de tous côtés pour les embrasser, les consoler, leur distribuoit le peu d'argent qui lui restoit. Il avoit ordonné de distribuer aux soldats du régiment noble à cheval le produit de la vente des chevaux : mais ces braves guerriers le supplièrent de faire remettre cet argent aux cent gardes-du-corps, placés près du Roi à Mittau, vieillards vénérables, qui n'avoient d'autre ressource que la foible solde qu'ils recevoient de la Russie et qui alloit aussi leur être retirée.

Les mains armées d'un simple bâton, coupé dans la forêt, les compagnons de

Condé allèrent saluer leur capitaine, leur père. Ils s'inclinèrent devant ses cheveux blancs, reçurent sa bénédiction, et se séparèrent sans savoir, pour la plupart, où ils alloient reposer leur tête.

L'embarras du duc de Berry n'étoit pas moindre que celui de ces généreux soutiens de la cause royale. Il passa une année tantôt à Wildenwarth, tantôt à Vienne ou à Klagenfurth, auprès de sa mère. Mais cette position précaire étoit pénible pour un cœur tel que le sien. Ses projets de mariage avec une princesse napolitaine étoient traversés par le ministre Acton, dont la politique étoit moins généreuse que celle du roi son maître.

« Qu'irai-je faire à Naples ? écrivoit-il au
» comte de Chastellux ; je ne peux pas vivre
» pour rien dans un pays d'une cherté
» affreuse. Pourquoi M. Acton ne me parle-
» t-il pas franchement ? Qu'a-t-il besoin
» d'user de réserve avec moi ? Je ne suis
» pas une puissance politique : je suis un
» homme malheureux, qui ne peut porter
» ombrage à personne. »

Voici en quels termes il écrivit à ce même ministre.

» Je vous écris, monsieur, avec la fran-
» chise d'un Bourbon; je parle au ministre
» d'un roi-bourbon, d'un roi qui n'a cessé
» de montrer un attachement généreux à la
» partie de sa famille si cruellement traitée
» par la fortune.

» J'ai appris avec une vive douleur que
» le roi avoit désapprouvé la démarche que
» j'avois faite de quitter Rome pour aller
» joindre l'armée de Condé. La noblesse
» fidèle avec laquelle j'ai fait huit campa-
» gnes, n'avoit jamais vu tirer un coup de
» fusil sans que je fusse à sa tête. Au mo-
» ment où mon frère venoit de la joindre,
» il me mandoit : *Nous attaquons le 15 Sep-*
» *tembre.* Si j'avois attendu les ordres du
» roi, je perdois le temps : je suis donc
» parti sur-le-champ ; je suis arrivé le 15,
» et le 16 nous étions au bivouac, devant
» attaquer le lendemain. Je n'aurois jamais
» quitté l'armée napolitaine, si elle avoit
» été devant l'ennemi, mais tout paroissoit
» indiquer de ce côté la plus grande tran-
» quillité. D'ailleurs, volontaire sous M. de
» Nazelli, ou sous M. de Damas, que j'avois
» vu si long-temps colonel à l'armée de
» Condé, ce n'étoit pas une position bien

» agréable pour moi, et je n'y pouvois être
» d'aucune utilité au service du roi. Depuis
» que la paix a été faite, je vous ai écrit
» trois fois sans recevoir jamais de réponse
» de vous. Cette incertitude-là est cruelle :
» pourquoi ne pas me dire franchement les
» volontés du roi à mon égard ? J'aurois été
» aussi heureux qu'il est possible, lorsqu'on
» n'est pas dans son pays, d'être uni à la
» famille de Naples, et de tout devoir à des
» parens aussi bons. Mais les circonstances
» empêchent-elles cette union ? Ma présence
» seroit-elle incommode ? Le traitement
» qu'on a bien voulu m'accorder est-il une
» gêne dans un moment où les finances du
» roi sont si cruellement obérées : je mets
» le tout à ses pieds, avec la même recon-
» noissance : je vous supplie seulement de
» vouloir bien faire continuer de payer les
» 5ooo ducats que le roi a eu l'extrême
» bonté d'accorder aux officiers de ma mai-
» son. Ces gentilshommes, invariables dans
» leur devoir et leurs principes, ne fléchi-
» ront jamais la tête sous le joug d'un usur-
» pateur, et tous ont abandonné leurs for-
» tunes pour me suivre. Je ne réclame donc
» rien pour moi, que le passé ; je n'ai eu

» jusqu'ici d'autres ressources que la géné-
» rosité du roi ; mais vous savez sûrement
» les retards que j'ai éprouvés. Cela me
» met dans le plus grand embarras. N'ayant
» rien à moi, je regarderai comme une in-
» famie de faire une dette.

» Je suis bien sûr que vous sentirez les
» raisons de mon empressement à con-
» noître mon sort, quand vous saurez que
» dans un mois je n'aurai, en vendant
» mes équipages, que de quoi rejoindre
» mon père. »

Le Prince jugeoit mal du ministre, car celui-ci ne *daigna* pas répondre, et la dette sacrée de l'honneur, de l'hospitalité, ne fut acquittée en partie que long-temps après, lorsque le chevalier de Vernègues eut fait connoître la vérité au monarque napolitain.

Le duc de Berry s'étoit rendu en Angleterre, où déjà les princes de la famille royale avoient trouvé un asile. Il alla habiter, près d'Edimbourg, le château de Marie Stuart, qui étoit devenu la demeure de Mgr. le comte d'Artois. Que de souvenirs touchans entroient en foule dans son ame, à la vue de ces voûtes gothiques qui avoient tant de fois retenti des accens de la veuve de François II.

Il ne tarda pas à quitter ce lieu paisible pour accompagner à Londres le Prince son père. Pendant son séjour dans la capitale des trois royaumes, il participa à l'un des actes qui honorent le plus la race de nos rois. Bonaparte, résolu de parvenir au rang suprême, avoit compté obtenir aisément d'un monarque exilé, sans asile, sans ressources, une renonciation à des droits que chaque jour sembloit rendre plus illusoires, et il avoit fait proposer à Louis XVIII d'abjurer son titre moyennant des indemnités. Ce prince répondit avec autant de fermeté que de modération à des offres outrageantes pour son caractère.

« J'ignore, disoit-il dans sa réponse,
» quels sont les desseins de Dieu sur ma
» race et sur moi; mais je connois les obli-
» gations qu'il m'a imposées, par le rang où
» il lui a plu de me faire naître. Chrétien,
» je remplirai ces obligations jusqu'à mon
» dernier soupir; fils de saint Louis, je
» saurai, à son exemple, me respecter
» jusque dans les fers; successeur de
» François I.ᵉʳ, je veux du moins pouvoir

» dire comme lui : *Nous avons tout perdu*
» *fors l'honneur !* »

Signé LOUIS.

Le duc d'Angoulême, alors à Varsovie, près du Roi, avoit adhéré à cette noble réponse. A son exemple, le duc d'Enghien avoit envoyé d'Ettenheim une déclaration conçue dans le même sens. A leur tour les princes français, résidant en Angleterre ; savoir : Monsieur, comte d'Artois, Mgr. le duc de Berry, Mgr. le duc d'Orléans et les deux princes ses frères, le prince de Condé et le duc de Bourbon, s'empressèrent d'envoyer au Roi l'adhésion suivante :

« Pénétrés des mêmes sentimens dont
» S. M. Louis XVIII, roi de France et de
» Navarre, notre seigneur et Roi, se
» montre si glorieusement animé dans sa
» noble réponse à la proposition qui lui a
» été faite de renoncer au trône de France,
» et d'exiger de tous les princes de la mai-
» son de Bourbon, une renonciation à leurs
» imprescriptibles droits de succession à ce
» même trône,

» Déclarons

» Que notre attachement à nos devoirs
» et notre honneur ne pourront jamais
» nous permettre de transiger sur nos prin-
» cipes et sur nos droits, et que nous adhé-
» rons de cœur et d'ame à la réponse de
» notre Roi ;
» Qu'à son illustre exemple, nous ne
» nous prêterons jamais à la moindre dé-
» marche qui pût avilir la maison de Bour-
» bon, et lui faire manquer à ce qu'elle se
» doit à elle-même, à ses ancêtres, et à ses
» descendans ;
» Et que, si l'injuste emploi d'une force
» majeure parvenoit (ce qu'à Dieu ne
» plaise) à placer de fait, et jamais de
» droit, sur le trône de France tout autre
» que notre Roi légitime, nous suivrons
» avec autant de confiance que de fidélité,
» la voix de l'honneur, qui nous prescrit
» d'en appeler jusqu'à notre dernier soupir,
» à Dieu, aux Français et à notre épée. »
Quelle grandeur d'ame au sein des revers ! et qu'ils sont dignes de régner sur la
terre classique de l'honneur et de la loyauté,

ceux qui ont su ennoblir à ce point leurs infortunes !

L'un des premiers effets de ce refus magnanime ayant été l'expulsion de Louis XVIII de tous les états du continent, où la crainte du moderne Attila lui fermoit tous les asiles, il vint rejoindre en Angleterre les Princes de sa famille, et obtint de pouvoir fixer sa résidence au chateau d'Hartwell. Le duc de Berry qui s'étoit établi à Londres, alloit une fois tous les mois faire sa cour au Roi son oncle. Il visitoit aussi son ancien général le prince de Condé. Celui-ci, dans une lettre adressée à son royal élève, s'exprimoit ainsi :

« Sans doute votre existence est cruelle;
» mais nous avons fait notre devoir. Ce
» n'est plus à moi, dans la circonstance
» présente, c'est à vous à relever l'étendard
» royal, et à nous tous à marcher sous vos
» ordres. Votre extrême jeunesse a pu né-
» cessiter pendant quelque temps l'incon-
» venance que vous fussiez sous les miens,
» mais tant qu'il me restera un peu de
» force, je me ferai gloire d'être votre pre-
» mier grenadier. »

Le duc de Berry brûloit en effet du désir

de rentrer dans la carrière des combats; mais les circonstances n'étoient nullement favorables à une entreprise de cette nature, et il dut se renfermer dans le cercle étroit de la vie privée. Il se séparoit autant qu'il lui étoit possible du grand monde; et retiré chez lui au milieu de quelques amis dont il faisoit les délices, il eût vécu comme le plus heureux particulier, s'il eût pu oublier qu'il étoit né Prince. On remarquoit en lui une réunion charmante des qualités les plus conformes à sa situation, de l'esprit, de la gaieté, du goût pour les arts, de l'ordre dans les affaires, de la régularité dans les habitudes, une bonté pleine de grâces; il étoit impossible de le voir sans désirer le connoître plus particulièrement et de le connoître sans l'aimer.

Ses loisirs en Angleterre furent employés à des études de différens genres. Il se livra à la science des médailles, dans laquelle il acquit en peu de temps de grandes connoissances. Il se perfectionna dans celle des tableaux et reprit du goût pour la musique et la peinture, que les travaux de la guerre lui avoient fait totalement négliger.

Les arts d'agrément ne purent cependant

détourner entièrement son attention de sujets plus sérieux, et il étudia avec soin la science du gouvernement dans la patrie des Pitt, des Fox et des Shéridan. Il parcourut ensuite les provinces pour y admirer les miracles de l'industrie, ceux de l'agriculture, les imposantes ruines des châteaux du moyen âge, et les rochers sauvages où l'on croit entendre encore raisonner les harpes des Bardes.

La providence ménageoit au duc de Berry de nouvelles épreuves : il perdit sa mère qu'il pleura amèrement, bientôt après, une violente maladie mit ses jours en danger. Il eut du moins dans cette occasion la consolation d'être tendrement soigné par son père, et ce fut en grande partie à l'infatigable sollicitude de ce Prince qu'il dut enfin sa guérison.

La vie paisible et exempte d'agitations que le duc de Berry couloit en Angleterre, ne l'empêchoit pas de tourner souvent ses regards vers la France, et de saisir avec avidité la moindre lueur de l'espoir si souvent déçu de rentrer dans sa patrie. Déjà, lors de l'expédition de Copenhague dont il avoit ignoré le but, il s'étoit empressé de partir pour la Suède, croyant qu'une guerre continentale alloit éclater dans ces parages ; mais cette entreprise n'ayant abouti qu'à incendier la flotte et la capitale d'une puissance neutre, le Prince revint en Angleterre jusqu'à ce qu'il se présentât une occasion plus digne de son courage.

Il crut la trouver en 1808, lorsque les Espagnols commencèrent à opposer à Bonaparte une résistance opiniâtre qu'il rencontroit pour la première fois. Le Prince écrivoit alors à M. de Mesnard : « Vous
» avez fort bien jugé, mon cher Mesnard,
» et de ce que j'éprouve, et de ce qui me
» retient. Il n'est que trop vrai que depuis
» six semaines j'ai travaillé à aller rejoindre
» les braves Espagnols, et que le gouver-
» nement y a mis un obstacle absolu et po-
» sitif. Les Espagnols qui sont ici nous ont
» évités avec soin. Tout en admirant leurs
» nobles efforts, il me semble qu'ils ont
» oublié, ainsi que tout le monde, que les
» ainés de leurs Rois ont gouverné la
» France, et qu'il faut que Bonaparte
» tombe pour leur sûreté comme pour celle
» du monde. »

L'année suivante le duc de Berry reçut

de la côte de France des ouvertures qui sembloient lui promettre un parti nombreux et déterminé, s'il pouvoit y paroître en personne. Il forma sur-le-champ le projet de passer en France avec deux de ses fidèles serviteurs. « Il me suffira, disoit-il, de trou-
» ver cinquante braves pour me recevoir. »
Au moment de s'embarquer, il écrivit ces mots à M. de Mesnard : « L'entreprise est
» audacieuse : je suis bien sûr que cela ne
» vous arrêtera pas ; mais songez que vous
» êtes père. » Les périls n'étoient rien pour lui-même ; mais il ne vouloit pas y exposer ses amis.

Cependant il étoit à craindre que les renseignemens reçus manquassent d'exactitude, et le comte de la Ferronnays vouloit partir à l'avance pour aller sonder le terrain : le Prince lui adressa alors cette admirable lettre où son ame se dévoile toute entière :

Hartwell, 1809.

« J'ai reçu hier matin ta lettre d'avant-
» hier, mon cher Auguste. Je te remercie
» de tes bons conseils ; je trouve dans tout
» ce que tu me dis assez de sagesse et de

» raison, et ce que j'aime encore mieux,
» j'y trouve une preuve de plus de ton at-
» tachement pour moi; mais, mon ami,
» tes réflexions sont trop tardives et sont
» inutiles. Tout ce que tu me dis, je me le
» suis déjà dit à moi-même; je n'ai jamais
» partagé ta confiance dans le succès de
» notre expédition; je crois fermement que
» nous marchons à la mort, et c'est ce qui
» fait que je ne veux pas m'arrêter. Tu sais
» trop, mon cher Auguste, les absurdités
» qui ont été débitées sur notre compte;
» tu sais combien on nous reproche de n'a-
» voir pas combattu avec la Vendée, de
» n'avoir pas mêlé notre sang à celui des
» royalistes : il faut faire taire la calomnie,
» et tu es trop mon ami pour me conseiller
» le contraire. Tu connois mes opinions sur
» les guerres civiles et ceux qui les fomen-
» tent; je me croirois traître au Roi, traître
» à la France, et le plus coupable des
» hommes, si, pour ma propre gloire, ou
» pour mon intérêt personnel, je cherchois
» à la rallumer et à ramener sur cette fidèle
» Vendée les malheurs qui déjà furent le
» prix de son dévouement à notre cause.
» Mais puisque l'on nous assure que, lassés

» d'être opprimés, les royalistes se décident
» d'eux-mêmes à reprendre les armes,
» puisqu'ils nous le font dire et qu'ils de-
» mandent un Prince, rien ne m'empêchera
» d'aller les rejoindre. Je combattrai à leur
» tête, je mourrai au milieu d'eux, et mon
» sang versé au champ d'honneur, abreu-
» vant le sol de la patrie, rappellera du
» moins à la France qu'il existe des Bour-
» bons, et qu'ils sont encore dignes d'elle.
» Mon vieux Nantouillet et toi, mon ami,
» vous partagerez mon sort : je ne vous
» plains pas. Tu sera enterré à mes côtés.
» C'est un moyen très-bon pour couvrir ce
» que tu appelles ta *responsabilité*. Quant à
» ta position d'aller avant moi sonder le
» terrain et vérifier les faits, elle n'a pas le
» sens commun, et tu me connois assez
» pour être bien sûr que je ne consentirai
» jamais à ce que mon ami s'expose pour
» moi à un danger que je ne partagerois pas
» avec lui.

» Adieu, je serai à Londres après-demain
» à cinq heures. J'irai passer la soirée chez
» ta belle-mère; nous causerons de tout
» cela...... »

Cette entreprise téméraire n'eut pas lieu,

parce que l'on acquit la certitude que les propositions faites cachoient un piège perfide. Ce ne fut pas la seule fois qu'on tenta d'attirer le duc de Berry sur le sol français pour lui faire éprouver le sort du duc d'Enghien. Il fut éclairé à temps, et la seule victime fut le jeune Armand de Chateaubriand qui sacrifia ses jours en allant à la découverte.

La campagne de 1813 ayant ouvert aux alliés le chemin de la France, les Bourbons pressentirent que l'heure étoit venue de s'interposer entre leur peuple et l'étranger irrité. Ils quittèrent leurs retraites et se rendirent sur différens points de nos frontières. Monsieur partit pour la Suisse, le duc d'Angoulême pour l'Espagne, et le duc de Berry pour Jersey. Il retrouva dans cette île quelques royalistes vieillis dans l'exil, pour qui sa présence fut le premier beau jour après tant d'orages. S'il eût pu suivre les mouvemens de son cœur, il se fût élancé sans délai sur le sol de la France dont il n'étoit séparé que par un foible intervalle ; mais pendant plusieurs mois, la mer, les vents, la politique se réunirent pour l'y enchaîner. Voici ce qu'il écrivoit à cette époque à la veuve d'un illustre général:

« Que direz-vous, madame, de la liberté
» que je prends de vous écrire, et de me
» charger de répondre à une lettre qui ne
» m'est pas adressée? mais le tendre et tou-
» chant intérêt que vous voulez bien m'y
» marquer, est mon excuse. Je comptois
» bien vous écrire; mais du sol de ma patrie,
» de cette terre chérie que je vois tous les
» jours sans pouvoir y atteindre; enfin, je
» voulois écrire à la veuve du grand Moreau,
» si digne de lui, sur le chemin qu'il auroit
» déjà aplani devant nous si le sort ne
» nous l'avoit enlevé.

» Me voici donc comme Tantale, en vue
» de cette malheureuse France qui a tant
» de peine à briser ses fers, et les vents,
» le mauvais temps, la marée, tout vient
» arrêter les courageux efforts des braves
» qui vont courir des dangers qu'on ne me
» permet pas encore de partager. Vous dont
» l'ame est si belle, si française, jugez de
» tout ce que j'éprouve; combien il m'en
» coûteroit de m'éloigner de ces rivages
» qu'il ne me faudroit que deux heures pour
» atteindre! quand le soleil les éclaire, je

» monte sur les plus hauts rochers, et, ma
» lunette à la main, je suis toute la côte,
» je vois les clochers de Coutances, mon
» imagination s'exalte; je me vois sautant
» à terre, entouré de Français, cocardes
» blanches aux chapeaux; j'entends le cri
» de *vive le Roi!* ce cri que jamais Français
» n'a entendu de sang-froid : nous mar-
» chons sur Cherbourg : quelque vilain
» fort, avec une garnison d'étrangers veut
» se défendre; nous l'emportons d'assaut, et
» un vaisseau part pour aller chercher le
» Roi, avec le pavillon blanc qui rappelle
» les jours de gloire et de bonheur de la
» France. Ah! madame, quand on n'est
» qu'à quelques heures de l'accomplissement
» d'un rêve si probable, peut-on penser à
» s'éloigner ?

» Pardonnez toutes ces folies, madame;
» croyez que les sentimens que vous m'a-
» vez inspirés sont aussi durables que ma vie.
» Veuillez me donner une petite part dans
» votre amitié, et recevoir l'hommage de
» mon tendre et recpectueux attachement »

Ce rêve ne tarda pas en effet à se réaliser.
A peine avoit-on appris l'heureuse nouvelle
de l'entrée de Monsieur à Paris, que la fré-

gate anglaise l'*Eurotas* mit à la voile de Jersey, ayant Mgr. le duc de Berry à son bord. Dix-huits cents coups de canon tirés de cette île saluèrent le Fils de France, qui n'avoit reçu des habitans que des marques d'amour et de respect pendant son séjour parmi eux.

L'intention du Prince étoit de se rendre d'abord à Caen, mais ayant découvert de loin le drapeau sans tache, flottant dans la rade de Cherbourg, il fit tourner la proue vers cette ville, d'où on lui avoit envoyé une députation, pour le prier de vouloir bien y débarquer. Le navire chargé de cette mission n'avoit pas rencontré l'*Eurotas*, de sorte que le prince n'eut connoissance des bonnes dispositions des habitans de Cherbourg, qu'en arrivant à la vue de leur port.

Les principales autorités de cette ville, ayant à leur tête le préfet maritime, se rendirent, dans des embarcations, au-devant de l'*Eurotas*, qui avoit aussi arboré le pavillon blanc. Le duc de Berry les fit monter sur son bord, et entra avec eux dans la rade au bruit des salves d'artillerie, et au milieu des navires pavoisés. Il quitta alors la frégate anglaise, pour passer sur le vaisseau amiral français; puis la chaloupe de ce vaisseau, suivie d'une multitude de canots et autres embarcations légères, conduisit le Prince jusques au fond du port royal, où il sauta à terre en criant : *France !* Une foule immense, qui couvroit tous les quais, répondit à ce cri par les plus vives acclamations; la joie la plus pure remplissoit tous les cœurs, à la vue de ce prince, presqu'inconnu aux Français, tant il y a de charmes et de puissance dans la légitimité !

Le duc de Berry étoit accompagné des comtes de la Ferronnays, de Nantouillet, de Mesnard et de Clermont-Lodève : dignes amis que l'adversité n'avoit point lassés, que la prospérité ne devoit point éblouir.

Son premier acte d'autorité fut de rendre à la liberté tous les conscrits réfractaires, au nombre de six cents, et les prisonniers anglais qui languissoient dans les prisons de Cherbourg. Il préludoit ainsi par des bienfaits, à ceux qui devoient encore être le fruit de son retour en France.

Il s'arrêta peu de temps à Cherbourg, et se mit aussitôt en route pour la capitale. Tous les habitans de la Normandie accouroient sur son passage, avides de voir le fils de leurs rois. A Bayeux, un militaire se présenta devant lui, et lui dit avec une noble hardiesse : Monseigneur me recon- » noît-il ? » C'étoit un soldat de l'armée de Condé.

« Si je vous connois, répondit vive- » ment le Prince, en s'approchant de lui, » et écartant ses cheveux, vous devez avoir » au front la cicatrice d'une blessure que je » vous ai vu recevoir à Walden. » Nos princes ont prouvé dans tous les temps qu'ils possédoient la mémoire du cœur.

Le duc de Berry apprend à Bayeux qu'un régiment, dont l'esprit n'étoit rien moins que favorable à la cause royale, passoit dans les environs. Il part pour aller au-devant de ces troupes, malgré les avis de ceux qui craignoient pour sa sûreté. Il se présente aux soldats. « Vous êtes, leur dit-il, le » premier régiment français que je rencon- » tre. Je viens au nom du Roi, recevoir » votre serment de fidélité. » Les soldats ne répondent à cette invitation que par le cri de *vive l'empereur !* « Ce n'est rien, dit » le Prince, avec une présence d'esprit ad- » mirable, c'est le reste d'une vieille habi-

» tude. Tirant aussitôt son épée, il crie à
» son tour : *Vive le Roi !* » Subjugué par
cette marque éclatante d'un grand courage,
le régiment tout entier répète avec lui : *Vive
le Roi !*

Son passage à Caen fut signalé par des
réjouissances extraordinaires. Cette contrée,
éminemment royaliste, étoit heureuse et
fière de posséder, même pour quelques instans, un descendant d'Henri IV.

A Lisieux, il rencontra le général Bordesoulle qui venoit à la tête d'un corps de
cavalerie lui présenter ses hommages.

Rouen lui fit un accueil non moins doux
pour son cœur. A mesure qu'il s'avançoit
vers Paris, les campagnes plus peuplées
offroient une suite presque continuelle
d'arcs de verdure, de guirlandes ornées de
fleurs de lys d'or, de drapeaux blancs flottans aux croisées, aux clochers, aux remparts. Environné, pressé, porté par la foule,
il disoit, les larmes aux yeux : « Je n'en
» puis plus; j'en mourrai peut-être; mais
» je mourrai de joie. »

Il est difficile de concevoir une situation
plus extraordinaire. Elevé dans l'exil, balotté
par les événemens, chassé de contrée en

contrée, obligé de recevoir les dons de l'étranger, il se trouve tout-à-coup porté comme en triomphe, sur cette terre où son nom même étoit proscrit peu de mois auparavant; où on avoit cherché naguère à l'attirer pour l'assassiner; où bientôt après le poignard d'un autre assassin..... Arrêtons-nous, ne chargeons pas encore d'une couleur funèbre les rians tableaux du retour et du bonheur.

Le duc de Berry étoit attendu au-delà de Saint-Denis, par un détachement de gardes à cheval. Le corps municipal, les maréchaux et les généraux le complimentèrent à la barrière. Enfin, MONSIEUR, qui l'attendoit aux Tuileries, le reçut dans ses bras. Après vingt-cinq ans d'absence, son père étoit le seul être qu'il reconnut dans le palais de ses ancêtres.

Le prince de Condé et le duc de Bourbon suivirent de près le duc de Berry. Enfin le Roi lui-même arriva, accompagné de MADAME, duchesse d'Angoulême. Aux jours d'ivresse succédèrent l'ordre et l'arrangement nécessaires dans un état qui venoit d'être bouleversé. Chacun des princes de la famille royale eut part au travail. Le duc de Berry nommé colonel-général des chasseurs, partit pour faire des inspections militaires. Il visita successivement les départemens du Nord, les places fortes de l'Alsace, de la Lorraine et de la Franche-Comté. Par-tout il sut gagner les cœurs, et faire aimer les Bourbons et la légitimité.

Mais l'heure de l'exil devoit encore sonner pour lui et pour les siens. L'usurpateur, déchu de sa puissance, avoit conservé des amis, ou plutôt des complices, pour qui la présence des Bourbons étoit seule un reproche sanglant. Ils facilitèrent son retour. Une honteuse défection augmenta ses forces de toutes celles envoyées pour le combattre, et le 19 mars vit un monarque vertueux, chéri de tout un peuple, obligé de fuir devant l'homme qui n'avoit que le funeste don d'inspirer la crainte.

Le duc de Berry fut chargé de protéger la retraite du Roi, à la tête de sa maison militaire et d'un corps de volontaires royaux. Dirigé d'abord sur Boulogne et Calais, il dut ensuite changer de route ; et, trompé par de faux avis, il s'engagea dans le pays marécageux des anciens Morins. Sa fidèle armée perdit, dans ces chemins impraticables, la plus grande partie de ses bagages et un grand nombre de chevaux; plusieurs gardes-du-corps y auroient péri eux-mêmes sans les généreux secours des habitans de cette contrée. Ces bons flamands, royalistes même du temps de l'usurpateur, et surnommés à juste titre les *Vendéens du Nord*, employèrent leurs bras et leurs chevaux pour aider les troupes royales à sortir du mauvais pas où elles se trouvoient engagées; puis, reprenant le fusil de chasse et le fer aratoire avec lesquels ils avoient combattu en 1813, ils fermèrent encore une fois l'entrée de leur pays aux ennemis des Bourbons, et eurent la gloire de conserver l'étendard royal pendant toute la durée des cent jours.

Pendant cette retraite précipitée, le duc de Berry traversa la ville de Béthune. A peine y étoit-il entré qu'un régiment de lanciers, qui étoit à sa poursuite, se présente à l'une des portes. Le duc de Berry s'avance presque seul au-devant de ces troupes, déjà revêtues des couleurs de Bonaparte. » Venez
« servir le Roi, leur crie-t-il en tirant son
» sabre, ou bien passez-moi sur le corps
» pour arriver jusqu'à lui. » Les soldats, étonnés de tant d'intrépidité, s'arrêtent avec un respect mêlé d'admiration, et donnent

ainsi le temps aux royalistes d'évacuer Béthune, sous la protection du Prince qui formoit l'arrière-garde avec quelques officiers.

Obligé de passer la frontière pour rejoindre le Roi qui s'étoit retiré à Gand, le duc de Berry s'occupa de réunir les différens corps de troupes qui avoient suivi la fortune de leurs Princes. Ils furent cantonnés à Alost et placés sous son commandement général. C'étoit une nouvelle armée de Condé : on y voyoit les vieux compagnons de l'exil et la jeune noblesse, gardienne de la personne du Roi ; quelques militaires fidèles à leur serment, des artistes, des élèves des écoles de droit et de médecine. Le sentiment généreux qui les avoit conduits hors de France, leur faisoit trouver une sorte de charme à cet exil volontaire, et l'espoir d'un prochain retour effaçoit à leurs yeux ce qu'ils auroient pu trouver de pénible dans leur situation présente.

Le Prince, accoutumé aux privations et aux vicissitudes de la fortune, ne paroissoit nullement frappé de cette nouvelle disgrace, et s'en consoloit en répandant autour de lui des bienfaits ; car, pour nous servir de l'expression d'un grand écrivain : « Ses infortunes n'ont jamais pesé que sur lui; et il a fait des heureux partout où il a souffert. »

La bataille de Waterloo vint arrêter dans leur marche audacieuse et Bonaparte et la révolution qu'il avoit évoquée pour le soutenir. Ce grand événement replaçoit naturellement les Bourbons sur le trône, mais le sang français qui avoit inondé le champ de bataille parloit encore à leurs cœurs. Les malheureux blessés transportés dans les différentes villes de la Belgique n'étoient plus à leurs yeux que des sujets égarés. Le duc de Berry rencontrant un de ces guerriers, dont la main n'avoit pas encore été pansée, ne put se défendre d'un mouvement de compassion ; il arrête le soldat, prend sa main ensanglantée et l'enveloppe de son mouchoir, en accompagnant cet acte d'humanité des paroles les plus touchantes.

Rentré en France pour la seconde fois, le duc de Berry se rendit d'abord à Saint-Denis, où on lui présenta les officiers du 10.ᵉ régiment de ligne, qui étoit resté fidèle à Mgr. le duc d'Angoulême. « Messieurs, leur » dit-il, j'ai une permission à vous deman-

» der : c'est de porter votre uniforme,
» quand j'irai au-devant de mon frère. »

Bientôt après il fut chargé par le Roi d'aller présider à Lille le collége électoral du département du Nord. Il arriva dans cette ville, dévouée à la légitimité, pour être témoin des fêtes populaires qui s'y célébroient sans interruption depuis la rentrée du Roi. Combien son ame franche et aimante fut touchée des témoignages d'affection qu'il reçut de toutes les classes d'habitans. Ce fut dans cette circonstance qu'il dit avec effusion : *entre le département du Nord et moi, c'est à la vie et à la mort.*

Le discours qu'il prononça à l'ouverture du collége est remarquable par les sentimens qu'il renferme et par la manière dont ils sont exprimés.

Avant de quitter le voisinage de la frontière, il n'oublia pas, et les pauvres de la ville d'Alost où il avoit reçu l'hospitalité, et les bons habitans de Béthune qui lui avoient donné des preuves d'un dévouement si désintéressé. Il alla visiter ceux-ci et envoya à ceux-là une somme destinée à soulager leur misère.

Tandis que le duc de Berry acquittoit

ainsi des dettes sacrées pour son cœur, le Roi, dans sa sollicitude paternelle, s'occupoit d'assurer sa félicité en ménageant son union avec la princesse Marie-Caroline-Ferdinande-Louise, fille aînée du Prince royal des deux Siciles. Bientôt l'heureux succès de la négociation fut rendu public, et la chambre des députés alla complimenter le Prince à ce sujet. Il répondit à l'orateur « J'aurai, je l'espère, des enfans qui, » comme moi, porteront dans leur cœur » l'amour des Français. » Malheureux Prince! sa vie et sa mort ont bien prouvé que tels étoient ses sentimens.

La chambre des Députés ayant, à l'occasion du mariage du Prince, ajouté cinq cent mille francs à son apanage, il abandonna cette somme pendant cinq ans en faveur des départemens qui avoient le plus souffert de la guerre.

Nous ne pouvons résister au désir de citer une partie de la correspondance du duc de Berry avec la Princesse Caroline, jusqu'à l'arrivée de cette dernière : elle servira mieux que tout ce que l'on pourroit en dire, à faire connoître le caractère des deux augustes époux.

Paris, le 8 février 1816.

« Madame ma sœur et cousine,

» Il y avoit bien long-temps que je dé-
» sirois obtenir l'aveu du roi votre grand-
» père et du prince votre père, pour for-
» mer une demande à laquelle j'attache le
» bonheur de ma vie; mais devant que
» j'aie obtenu leur agrément, c'est votre
» Altesse royale que je viens solliciter de
» daigner me confier le bonheur de sa vie,
» en s'unissant avec moi. J'ose me flatter
» que l'âge, l'expérience, et une longue
» adversité m'ont assez formé pour me
» rendre digne d'être son époux, son guide
» et son ami. En quittant des parens si
» dignes de son amour, elle trouvera ici
» une famille qui lui rappellera le temps
» des patriarches. Que vous dirois-je du
» Roi, de mon père, de mon frère, et sur-
» tout de cet ange, MADAME, duchesse
» d'Angoulême, que vous n'ayez entendu
» dire, sinon que leurs vertus, leur bonté,
» sont fort au-dessus des éloges que l'on
» peut en faire ? L'union la plus intime

» règne parmi nous, et n'est jamais trou-
» blée. Mes parens désirent tous avec im-
» patience que votre Altesse Royale comble
» mes vœux, et qu'elle consente à augmen-
» ter le nombre des enfans de notre famille.
» Veuillez, madame, vous rendre à mes
» prières, et presser le moment où je pour-
» rai mettre à vos pieds l'hommage des
» sentimens respectueux et tendres avec
» lesquels je suis,

» Madame ma sœur et cousine,

» De votre Altesse Royale, le très-affec-
» tionné frère et cousin,

» CHARLES-FERDINAND. »

Les Augustes parens de la Princesse ayant consenti à l'union proposée, elle répondit dans des termes convenables à la modestie, et qui enchantèrent le duc de Berry; plusieurs lettres suivirent celles-là, et ne firent qu'augmenter la bonne opinion que les deux futurs époux avoient conçu l'un de l'autre. Voici ce qu'écrivoit la jeune Duchesse le jour même où le mariage fut célébré à Naples par procuration :

Naples, 24 avril 1816.

« C'est à l'autel que je viens, Monsei-
» gneur, de prendre l'engagement solennel
» d'être votre fidèle et tendre épouse. Ce
» titre si cher m'impose des devoirs que,
» très-volontiers, je commence à remplir
» dès ce moment, en venant vous donner
» l'assurance des sentimens que mon cœur
» vous a déjà voués pour la vie; elle ne sera
» remplie et occupée que de chercher les
» moyens de vous plaire, de me concilier
» votre amitié, mériter votre confiance.
» Oui, vous aurez toute la mienne, toutes
» mes affections; vous serez mon guide,
» mon ami; vous m'apprendrez à plaire à
» votre auguste famille ; vous adoucirez (je
» n'en doute pas) le chagrin si vif que je
» vais éprouver de me séparer de la mienne.
» C'est sur vous enfin que je me repose en-
» tièrement du soin de ma conduite pour la
» diriger vers tout ce qui pourra procurer
» votre bonheur. J'en ferai mon étude ha-
» bituelle ; puissé-je y réussir, et vous

» prouver combien je mets de prix à être
» votre compagne ! C'est dans ces senti-
» mens que je suis, pour la vie,

» Votre affectionnée épouse,

» CAROLINE. »

A son arrivée à Marseille, la Princesse donna l'exemple de la soumission aux lois d'un pays où elle pouvoit être un jour appelée à régner, en subissant une quarantaine dont on s'efforça d'adoucir la rigueur par tous les amusemens qu'il fut possible de lui procurer. Elle en fait elle-même le récit dans la lettre suivante :

Du Lazaret de Marseille, 26 mai 1816.

» Vos aimables lettres, Monseigneur,
» m'ont déjà habituée à votre intérêt. Je dois
» à Votre Altesse Royale de l'informer,
» avec la confiance qu'elle m'inspire, de
» tout ce que je fais ici, et d'abord de ma
» santé qui est très-bonne. Je me lève assez
» tard, parce que j'aime à dormir le matin ;
» ainsi je n'entends la messe que de neuf à
» dix heures. Le bon duc d'Havré prend la

» peine de venir de bien loin pour y assis-
» ter, ainsi que le préfet, M. de Villeneuve
» Bargemont, M. de Montgrand, maire,
» et des députés de la santé, lorsque les
» affaires publiques le leur permettent. Ainsi
» ils viennent me voir à la distance *très-*
» *respectueuse* qu'imposent les lois de la qua-
» rantaine. Puis-je me retirer chez moi jus-
» qu'au dîner, après lequel je profite de
» l'excellente société de Mme de la Ferron-
» nays ; c'est à son attachement pour Mon-
» seigneur, que je dois, sans doute, la preuve
» si touchante de son dévouement de venir
» s'enfermer avec moi. J'y suis bien sensi-
» ble, comme à la demande qu'en fit aussi
» Mme la duchesse de Reggio. J'ai le plaisir
» de la voir au parloir avec Mmes de Gon-
» taut, de Bouillé, et MM. de Lévis et de
» Mesnard, et tous ceux que M. le duc
» d'Havré m'a présentés : c'est une occupa-
» tion de l'après-dîner, avant la promenade
» ou la pêche, plaisirs que les intendans de
» la santé m'ont procurés deux fois. Ils sont
» bien empressés d'employer tous les
» moyens d'adoucir ma retraite. Jeudi passé
» j'ai fait une jolie promenade sur mer dans
» un très-beau canot, que M. le comman-

« dant de la marine a fait venir de Toulon;
» on a pu entrer dans le port; et comme il
» a paru que les bons habitans de Marseille
» ont été contens que l'on ait trouvé ce
» moyen de me faire voir à eux, j'ai deman-
» dé de renouveler la promenade aujour-
» d'hui, si le temps le permet; l'on m'a
» fait entendre aussi plusieurs fois de la
» musique; enfin, monseigneur, l'on n'omet
» rien de ce qui peut m'être agréable. Je
» suis bien reconnoissante, je vous assure,
» et voudrois le montrer comme je le sens;
» mais je ne peux vaincre tout d'un coup
» ma timidité. Mon âge et le peu d'occasions
» que j'ai eues de paroître, doivent me faire
» excuser par ceux qui savent ces raisons;
» les autres ne me jugent peut-être pas
» avec tant d'indulgence. Je n'en serai affli-
» gée que par rapport à Votre Altesse Royale,
» à qui je voudrois faire éprouver tous les
» genres de satisfaction. On doit me faire
» voir Toulon; je jouirai d'autant plus de ce
» plaisir, que cette course n'est pas un
» retard, puisqu'elle ne fait qu'employer
» les jours de grâce que MM de la santé
» m'ont accordées; c'est un arrangement de
» l'excellent duc d'Havré. Je n'écris pas

» aujourd'hui au Roi notre oncle, ni à votre
» père, pour ne les pas fatiguer; mais soyez
» assez bon pour être près d'eux l'interprête
» de mes sentimens de respect et d'attache-
» ment, ainsi que de ceux d'amitié à Mgr.
» le duc et à Mme la duchesse d'Angoulême.
» Il me tarde bien de faire partie de cette
» famille, qui m'est déjà si chère. Vous
» m'apprendrez à lui plaire, monseigneur;
» vous me direz bien franchement tout ce
» que je dois faire pour cela, et sur-tout
» pour mériter votre tendresse.

» CAROLINE. »

..... « Je voudrois, madame, disoit le
» duc de Berry, dans sa réponse, prévenir
» tous les désirs de votre Altesse Royale
» savoir ce qui pourroit lui plaire : vous
» aurez ici une habitation charmante, que
« toute la famille s'occupe à arranger. Vous
» aimez à monter à cheval, je vous cherche
» des chevaux bien sages. Je sais que vous
» ne craignez rien ; mais moi, j'ai peur
» pour vous. A propos de courage, vous
» avez été en grand danger sur mer, auprès
» de cette vilaine île d'Elbe, d'où sont partis

» tous nos maux l'année dernière. Cela m'a
» fait trembler; mais j'ai aimé à apprendre
» que vous n'aviez pas éprouvé la moindre
» frayeur. Le sang de Henri IV et de Louis
» XIV ne s'est pas démenti..... »

Madame la duchesse de Berry écrivit encore de Marseille ; et, avec cet aimable enjouement qui la caractérise, elle dit :

« Quel plaisir pour moi, monseigneur,
» de recevoir, à cinq jours de date, vos
» lettres très-aimables, mais aussi écrites
» trop rapidement. Permettez-moi d'en
» faire un petit reproche à votre Altesse
» Royale. Vous m'excuserez, puisque vous
» m'assurez que vous désirez me donner
» toutes sortes de bonheur, et que vous
» retardez celui que j'ai à vous lire, par
» l'étude qu'il faut que je fasse de votre
» écriture. N'allez pas, d'après cela, me
» juger difficile et grondeuse..... »

Tandis que la princesse se mettoit en route sous l'escorte d'un détachement de la garde royale, et accompagnée des seigneurs et des dames envoyés pour la recevoir, le Duc continuoit à s'occuper de tout ce qui pouvoit être agréable à sa jeune épouse.

« ..... Nous avons été voir la corbeille

» que le Roi vous donne, lui écrivoit-il, et
» j'espère que vous en serez contente. Mon
» père rassemble votre bibliothèque, mon
» frère et sa femme ornent votre chambre ;
» chacun de nous se fait un plaisir de vous
» être agréable : et qui le désire plus que
» celui qui vous est déjà uni par les liens les
» plus sacrés ? Je suis toujours effrayé de
» mes trente-huit ans ; je sais qu'à dix-sept,
» je trouvois ceux qui approchoient de la
» quarantaine bien vieux. Je ne me flatte
» pas........ mais puissé-je vous inspirer ce
» sentiment si tendre, plus fort que l'amitié :
» cette douce confiance qui doit venir de
» l'amitié même. »

Les lettres qui suivirent se font également remarquer par la réunion des sentimens délicats et des inclinations vertueuses. C'est le doux accord de deux cœurs formés par la religion et doués des plus heureux dons de la nature. Tous deux offroient d'ailleurs un touchant rapport de destinées : nés de la même race ; enfans de saint Louis, d'Henri IV et de Louis XIV ; éprouvés tous deux par le malheur ; élevés loin du trône de leurs aïeux et remontés au rang où les appeloit leur naissance, ils n'avoient guères connu avant leur mariage que l'exil et l'infortune. Après tant d'années de calamités, ils commençoient enfin à goûter quelques instans de bonheur; mais le génie des révolutions fixoit sur eux ses regards sanglans, il comptoit déjà avec une affreuse parcimonie les heures de félicité dont il étoit contraint de les laisser jouir.

La duchesse de Berry arriva à Fontainebleau le 14 juin. Son époux l'y attendoit depuis deux jours. Elle avoit vu dans sa route la France parée comme aux plus belles fêtes. Arrivée au terme de son voyage, elle fut reçue par le Roi, Madame, Monsieur, Mgr. le duc d'Angoulême et Mgr. le duc de Berry, sous deux riches tentes qui avoient été dressées dans la forêt de Fontainebleau. Les premières pompes de cet auguste hymen eurent lieu sous des chênes noircis par les siècles, et qu'on pourroit croire contemporains du saint Roi, qui avoit fait bâtir près de ce lieu un hôpital pour les pauvres, parmi lesquels *il venoit souvent*, disoit-il, *chercher Jésus-Christ.*

Le mariage fut célébré dans l'église de Notre-Dame, avec un éclat digne de son objet. Le peuple se pressoit sur les pas des jeunes époux et sembloit devancer l'avenir en contemplant dans cet auguste couple toute une lignée royale qu'il étoit chargé de conserver à la France.

Rentré bientôt après dans le calme de la vie privée qui plaisoit mieux au cœur du Prince que toutes les pompes de la royauté, il continua à s'y faire remarquer par l'ordre parfait qu'il entretenoit dans sa maison, et à s'y faire chérir de toutes les personnes attachées à son service. Il avoit pourtant le défaut d'être parfois un peu brusque, même dans ses actes de générosité; mais l'extrême sensibilité de son cœur et la vivacité de ses sentimens effaçoient, aux yeux de ceux qui le connoissoient, cette légère tache au plus noble caractère.

Parmi ses gens, se trouvoit un cocher fort âgé dont la lenteur impatientoit le Prince; plusieurs fois il l'avoit engagé à prendre sa retraite, en lui disant qu'il devenoit trop vieux pour travailler. Le cocher lui avoua enfin qu'il avoit une nombreuse famille à laquelle son travail étoit indispensable. « Et que ne disois-tu cela plus tôt? » s'écrie le Prince : c'est une autre affaire. » j'augmente de douze cents francs ta pen-

» sion de retraite ; mais, bon homme, je
» t'en prie, repose-toi. »

Un autre de ses domestiques, nommé
Joseph, entré depuis peu dans sa maison,
paraissoit aux ordres de tous ses camarades.
On l'entendoit sans cesse appeler dans les
jardins, les cours, les vestibules. Le Prince,
ennuyé de ce que le même nom retentissoit
à chaque instant à son oreille, se fit amener
cet homme qu'il ne connoissoit pas encore.
» Eh ! bien, Joseph, lui dit-il, c'est donc
» toi qui mènes toute ma maison ? tu me
» parois faire la besogne de tout le monde.
» Es-tu marié, as-tu des enfans ? » Joseph
répond en tremblant : « Oui, Monseigneur. »
Dès ce moment ses gages furent doublés.

Le premier piqueur, nommé Aubry,
étoit loué ou grondé, suivant la fortune de
la chasse. Un jour il reçoit l'ordre de se
trouver à Compiègne à huit heures précises
du matin. Le prince, arrivé plus tôt, ouvre
la chasse à sept heures et demie. Son premier piqueur, accoutumé à l'exactitude,
arrive à huit heures précises ; mais quelle est
sa surprise d'entendre raisonner les cors au
loin dans la forêt ; Aubry se croit perdu et
n'ose aller rejoindre son maître. A midi, le

Prince rentre fatigué ; le cerf étoit manqué, les chiens en défaut. Dans le premier mouvement d'humeur, le duc demande Aubry avec les marques d'une vive impatience. On le trouve enfin qui se cachoit et on l'amène tout tremblant. « Aubry, lui dit le Prince, » quelle est la punition des gens qui ne sont » pas exacts? » Aubry n'ose se justifier et garde le silence. « Tu ne sais pas, ajoute le » Prince, eh bien moi, je le sais ; c'est de » payer une amende, et je la paye. » A ces mots il lui remet une somme pour ses enfans, en dédommagement de la frayeur qu'il lui avoit causée.

Reconnoissant, même pour les services anciens qu'on ne lui remettoit pas sous les yeux, il apprit que M. de Provenchère, son ancien premier valet de chambre, étoit retenu aux États-Unis d'Amérique par l'âge et les infirmités, et sur-le-champ, ce vieux et fidèle serviteur fut mis à l'abri du besoin par un traitement qu'il reçut comme trésorier du duc de Berry, quoique le Prince n'eût jamais ni trésor ni cassette.

Ce qui lui plaisoit le plus dans ses domestiques, c'étoit l'ordre et l'économie. Aussi, dès qu'il savoit que l'un d'eux avoit placé une somme à la caisse d'épargnes, il doubloit sur-le-champ cette somme, pour encourager ses gens à se montrer prévoyans et rangés.

Mais toute la France sait que ce n'étoit pas seulement dans l'intérieur de son palais que le duc de Berry faisoit éclater sa charité. Il n'étoit point de hameau si éloigné, de chaumière si inconnue où ses bienfaits ne pussent pénétrer. Son nom se trouvoit mêlé à toutes les œuvres de miséricorde. Il prenoit même sur ses goûts pour satisfaire sa générosité. C'est ainsi qu'il renonça à l'achat de quelques tableaux de prix qui étoient à vendre à Anvers. « J'ai réfléchi à
» votre proposition, écrivit-il à M. Des-
» palière, et j'ajourne l'emplette. Dans un
» temps où mes pauvres appellent toute ma
» sollicitude, je me reprocherois d'acheter
» si cher un plaisir dont je puis me passer. »
Il disoit une autre fois au maire de son arrondissement : « Quand vos pauvres auront
» besoin de moi, ne m'épargnez pas. »

Il donnoit à la société de bienfaisance, dont il étoit président, un secours de 500 fr. par mois; et dans l'année 1816, il versa à la caisse de cette société, la somme de onze mille francs, comme don extraordinaire.

A la mort du prince de Condé, qui lui avoit légué par testament le soin de ses anciens compagnons d'armes, il succéda à son général dans la présidence de l'association paternelle des chevaliers de Saint-Louis, et ce fut pour lui une nouvelle occasion de faire le bien. En apprenant cette mort, le duc de Berry ne put retenir ses larmes : « Nous avons perdu notre vieux drapeau » blanc ! » dit-il à ceux qui pleuroient avec lui le héros de Berstheim.

Si le duc de Berry se montroit aussi prodigue envers les pauvres qu'économe dans son intérieur, la duchesse son épouse secondoit merveilleusement son penchant à la charité. On a calculé que leurs aumônes réunies (celles du moins que leur modestie n'a pu cacher) se sont élevées dans l'espace de six ans à 1,388,852 fr. somme énorme, pour un prince dont le revenu n'étoit que de 1,500,000 par an, encore faut-il ajouter à cette somme deux millions que le prince abondonna en quatre années pour les départemens qui avoient le plus souffert de la guerre; ce qui fait en tout près de trois millions et demi d'aumônes.

Ce qui donne du prix aux bienfaits, c'est la manière de les répandre. Le prince et la princesse pratiquoient ce qu'ordonne l'évangile à cet égard : ils visitoient souvent les malheureux auxquels ils accordoient des secours. Quelquefois ils se cachoient mutuellement leurs bonnes œuvres. Un jour qu'ils sortoient ensemble, une pauvre femme se présente à eux avec ses filles. La plus jeune s'approche de la princesse avec une confiance naïve. « Je m'en suis chargée, » dit madame la duchesse de Berry, en rougissant. — Bien, répond le prince, j'aime à
» vous voir augmenter notre famille. »

Il arriva dans une autre occasion que l'un des dragons qui accompagnoit le roi à la promenade, tomba et se cassa une jambe. Le duc et la duchesse de Berry qui venoient à la suite, aperçurent ce militaire et descendirent aussitôt de leur voiture pour l'y faire monter. Ils ordonnèrent qu'on le conduisît à leur palais de l'Elysée-Bourbon, et qu'on l'y soignât jusqu'à parfaite guérison. Après avoir ainsi rempli le devoir de l'humanité, ils continuèrent leur route à pied, malgré l'incommodité d'un soleil brûlant.

Chaque matin, dans la belle saison, le Prince alloit dans un simple cabriolet, visiter la jolie chaumière de Bagatelle, simple retraite que lui avoit donnée son père avant la révolution, et dans laquelle, depuis son retour, il se plaisoit à nourrir les pauvres des environs.

Un jour, traversant le bois de Boulogne, il rencontre un enfant chargé d'un panier. Le Prince arrête son cabriolet. « Petit bon-
» homme, où vas-tu? dit-il à l'enfant.
— « A la muette, porter ce panier, » répondit celui-ci. — « Il est trop lourd pour
» toi, ce panier, dit le Prince, donne-le-
» moi, je le remettrai en passant. » Le Prince place le panier dans son cabriolet et va lui-même le porter à son adresse. Il se rend ensuite chez le père du petit garçon et lui dit : « J'ai rencontré votre fils. Vous lui
» faites porter des paniers trop lourds. Vous
» détruirez sa santé, et vous l'empêcherez
» de grandir. Achetez-lui un âne pour por-
» ter son panier. » Et il remit aussitôt l'argent nécessaire pour acheter un âne.

La simplicité est la parure des grandes

ames, comme la modestie celle des grands talens. On se plaît à voir les hommes supérieurs se confondre eux-mêmes dans la foule et oublier l'éclat de leur rang. Henri IV causant familièrement avec un rustre, semble plus grand encore que lorsqu'il paroît environné de tout l'éclat du trône. Il y a dans la vie du duc de Berry mille traits qui le font ressembler à son auguste aïeul : nous ne citerons que les suivans.

Pendant une matinée du mois de juin qui sembloit devoir être belle, le duc de Berry et Mme la duchesse allèrent se promener à pied sur le boulevard. Surpris tout-à-coup par un orage, ils alloient se trouver dans un grand embarras, lorsqu'il virent passer un jeune homme tenant un parapluie Le prince l'aborde, et le prie de le lui prêter pour sa femme. « Volontiers, dit le jeune homme, » madame veut-elle bien me permettre de » l'accompagner ? — Très-certainement, » répond le prince. Et le voilà qui marche avec l'étranger auprès de la princesse. Le chemin étoit long : le jeune homme disoit souvent. » Est-ce ici ? — Encore quelques pas, » répondoit le prince. On arrive enfin à l'Elysée Bourbon ; la garde reconnoît LL. AA. RR, et se hâte de prendre les armes. Le jeune homme, confus de sa méprise, balbutie des excuses que le prince interrompt pour le remercier de sa complaisance, et le rassure par des paroles pleines de bonté.

Dans une autre course avec Mme la duchesse de Berry, il fut obligé de se réfugier dans la loge d'une portière, et celle-ci eut lieu de remercier le ciel de lui avoir envoyé des hôtes si généreux.

Lorsqu'on transporta au Pont-Neuf la statue de Henri IV, un accident arrêta l'appareil dans l'avenue de Marigny. Mgr. le duc de Berry qui se trouvoit sur la terrasse de son jardin, le long de cette avenue, aperçut Monsieur, et Mgr. le duc d'Angoulême, au milieu du peuple, dans leur voiture ; il descend tête nue, en frac bleu, et sans ordres. La foule qui ne le reconnoît pas, refuse de le laisser passer. Par hasard, quelqu'un le nomme. Aussitôt la multitude s'entr'ouvre avec respect, et le prince passe en disant :
» Je vous demande pardon, mes amis, c'est
» mon père et mon frère qui m'appellent. »
Le peuple fut charmé de cette simplicité, et fier de cette confiance. Devoit-elle être sitôt trahie !

Le duc de Berry revenoit, avec un aide-de-camp, d'une de ses promenades accoutumées, lorsque, remontant le long du quai au charbon, il aperçoit des charbonniers occupés à retenir un de leurs camarades qui faisoit tous ses efforts pour se débarrasser et se jeter dans la Seine. Le Prince approche, se mêle de la conversation, et apprend que l'homme qui veut se noyer est un père de famille, livré au désespoir par la perte d'une somme de quatre cents francs. Le Prince fend la foule, arrive à ce malheureux, emploie tous les raisonnemens pour le dissuader de son coupable dessein et obtient enfin de lui, avec beaucoup de peine, qu'il en différera l'exécution pendant quelques instans. Le duc profitant de ce court délai, envoie l'aide-de-camp au palais avec ordre d'en rapporter les quatre cents francs qui doivent sauver la vie d'un malheureux père de famille. Cet officier secondant la généreuse impatience du Prince, part comme un trait; revient bientôt avec la somme, et l'on apprend alors que l'inconnu avec lequel les charbonniers avoient causé si familièrement étoit le neveu du Roi. Ces braves gens ne savoient comment lui témoigner leur reconnoissance et leur admiration. Ils ne pouvoient rien pour lui pendant sa vie ; la mort vint trop tôt leur donner le moyen d'acquitter leur dette. Ils accompagnèrent à sa dernière demeure la dépouille du prince, pour lequel ils eussent volontiers donné leurs jours, si ce sacrifice avoit pu assouvir la rage parricide de l'assassin.

Le goût des arts, qui étoit l'un des plus prononcés de ceux du duc de Berry, le rendoit le protecteur naturel des artistes. Il mettoit de côté à leur égard les lois sévères de l'étiquette, et se rendoit souvent à l'improviste dans les ateliers de nos grands peintres, pour les voir travailler pendant des heures entières. Parfois même il mêloit aux éloges que méritoient leurs talens, d'utiles et savantes critiques, exprimées d'un ton qui permettoit d'oublier l'élévation de son rang.

Tandis que le prince travailloit sans y songer à se concilier tous les cœurs, et qu'il ne sortoit pas d'un musée, d'un atelier, d'une manufacture sans y laisser des amis, le ciel dont les vues sont impénétrables, laissoit, de temps en temps, tomber sur lui quelques-uns des coups qui pouvoient lui être le plus sensibles. Le 13 juillet 1817, M.ᵐᵉ la duchesse, son épouse, donna le jour à une fille qui ne vécut point. Le 13 septembre 1818, elle le rendit encore père d'un prince qui mourut au bout de deux heures. Enfin, le 21 septembre 1819, le duc de Berry fut consolé de cette double perte par la naissance de Mademoiselle, aimable précurseur d'un jeune prince sur qui reposent les destinées de cette vieille monarchie de Clovis.

Toutefois, au milieu des jouissances paternelles et des douces espérances qu'elles faisoient naître, de tristes pressentimens venoient l'assiéger. Il est des hommes, ensevelis dans le mépris, qui étouffent sous un gouvernement régulier; ils rêvent le mal, dans l'impuissance où ils sont de le commettre. Leurs armes ordinaires sont des lettres anonymes. Ils peuvent alors distiller, sans danger, le venin qui les suffoque. Sous l'apparence d'un avis officieux, ils ont troublé le repos d'une ame sans reproche, et coopéré, pour ainsi dire, au crime; puisqu'ils ont fait sentir la pointe du poignard sans fournir les moyens de s'y soustraire.

Mgr. le duc de Berry avoit souvent reçu

de pareilles lettres et les avoit méprisées;
mais dans les derniers temps elles devinrent
plus fréquentes et leur style étoit de plus en
plus atroce. Elles firent alors plus d'impression sur l'esprit du prince, qui commença
à se regarder comme une victime de plus qui
devoit être ajoutée à toutes celles de la révolution. Et, chose étonnante, cette opinion
n'étoit pas seulement la sienne. Soit que plusieurs complots aient été formés contre ses
jours, soit par toute autre cause plus incompréhensible, la mort du Prince fut annoncée
d'avance par des voyageurs, des lettres, des
courriers. La nouvelle en étoit même généralement répandue à Londres, huit jours
avant l'événement. L'assassinat de Henri IV
avoit été de même connu d'avance à Milan,
à Liège et en Espagne. Il falloit que l'analogie fût complète entre la mort de l'un et
celle de l'autre.

Le dimanche 13 février, Mgr. le duc et Mme
la duchesse de Berry étoient allés à l'opéra.
Pendant un entr'acte, ils sortirent de leur
loge pour visiter Mgr. le duc d'Orléans, qui
se trouvoit aussi dans la sienne avec sa famille.
Le duc de Berry caressa les enfans et joua
même un peu avec le petit duc de Chartres. Ce

tableau de famille qui respiroit l'union la plus parfaite, fit beaucoup d'effet sur le public.

En retournant à sa place, Mme la duchesse de Berry fut heurtée par la porte d'une loge qui vint à s'ouvrir sur son passage; et, comme elle étoit d'ailleurs un peu fatiguée, elle témoigna le désir de se retirer. Il étoit onze heures moins quelques minutes. Mgr. le duc de Berry, comptant rester quelques momens de plus, alla conduire la Princesse jusqu'à sa voiture.

Le carrosse de la Duchesse s'étoit approché de la porte. Les soldats de garde étoient demeurés dans l'intérieur, parce que, depuis long-temps, le Prince ne souffroit pas qu'ils sortissent. Le factionnaire seul présentoit les armes, en tournant le dos à la rue de Richelieu. M. le comte de Choiseul, aide-de-camp du Prince, se tenoit à la droite de ce soldat, près de la porte d'entrée, et tournant également le dos à la rue de Richelieu. M. le comte de Mesnard, premier écuyer de Mme la duchesse de Berry, lui donna la main gauche pour monter dans son carrosse, et la donna ensuite à Mme la comtesse de Béthisy : Mgr. le duc de Berry leur donnoit la main droite. M. le comte de Clermont-Lodève, gentilhomme du Prince, étoit derrière lui, attendant que S. A. R. rentrât, pour la suivre ou la précéder.

Tout-à-coup, un homme venant de la rue de Richelieu, passe brusquement entre le factionnaire et un valet qui relevoit le marche-pied de la voiture. Il se jette sur le Prince, au moment où celui-ci se retournoit pour dire à Mme la Duchesse : « Adieu, » nous nous reverrons bientôt. » L'assassin, appuyant la main gauche sur l'épaule gauche du Prince, lui enfonce, de la droite, un instrument aigu dans le côté droit, un peu au-dessous du sein. M. le comte de Choiseul, attribuant ce mouvement à l'étourderie d'un homme qui se heurte en courant, le repousse en lui disant : « Prenez » donc garde à ce que vous faites. » Le misérable disparoît aussitôt.

Cependant, Mgr. le duc de Berry, poussé par l'assassin sur M. le comte de Mesnard, son ancien compagnon d'exil, porte la main sur le côté où il n'a senti qu'une espèce de contusion. Aussitôt il s'écrie : « Je suis » assassiné ! cet homme m'a tué ! — Seriez- » vous blessé, monseigneur, demande en » frémissant le comte de Mesnard ? — Le » Prince réplique d'une voix forte : Je suis

» mort, je suis mort; je tiens le poignard ! »

Dès le premier cri jeté par le Prince, MM. de Clermont et de Choiseul, le factionnaire, nommé Desbiez, un des valets de pied et plusieurs autres personnes avoient couru après l'assassin, qu'on avoit vu s'enfuir par la rue de Richelieu. Mme la duchesse de Berry, du fond de son carrosse, entend la voix de son époux, et veut se précipiter par la portière, qui n'étoit pas encore fermée. Mme la comtesse de Béthizy cherche à la retenir par sa robe, tandis qu'un des valets de pied l'arrête, pour avoir le temps de baisser le marche-pied; mais elle s'écrie avec force: « Laissez-moi, je vous ordonne de me » laisser. » Et aussitôt elle s'élance, au péril de sa vie, par-dessus le marche-pied de la voiture.

On venoit d'asseoir le prince sur un banc placé contre le mur. Il avoit lui-même retiré le poignard de sa plaie et l'avoit donné au comte de Mesnard. On ouvrit alors les habits du Prince pour découvrir la blessure. Elle rendoit beaucoup de sang. Il répéta de nouveau : « Je suis mort! un prêtre! » puis apercevant Mme la duchesse, il lui dit d'une voix défaillante : « Venez, ma femme, que » je meure dans vos bras. » En ce moment il eut une foiblesse ; et la jeune Princesse se précipita sur lui, ne croyant plus que ses yeux dussent revoir la lumière.

Tandis que ceci se passoit dans la partie du vestibule où se tenoit ordinairement la garde, l'assassin avoit été arrêté par un garçon de café, nommé Paulmier, et par le factionnaire Desbiez, chasseur au 4.ᵉ régiment de la garde royale. Les gendarmes David, Lavigne et Roland s'étoient réunis à eux et les avoient aidés à amener à la porte l'auteur du crime. Les soldats furieux se précipitèrent sur lui, et ils alloient le massacrer, si M. le comte de Mesnard ne leur eût crié de ne pas le toucher. M. le comte de Clermont donna l'ordre de le conduire au corps-de-garde et l'y suivit. Là, ce scélérat fut fouillé : on trouva sur lui un second poignard et la gaine de celui qu'il avoit laissé dans la blessure. Ces preuves matérielles du crime furent remises à M. le comte de Mesnard, qui n'avoit pas quitté le Prince.

Pendant ce temps, le comte de Choiseul s'informoit de la demeure d'un médecin. On lui indique dans le voisinage le docteur Blancheton : il y court et l'amène aussitôt. Déjà le médecin Drogard étoit accouru près du Prince qu'on venoit de transporter dans le petit salon de sa loge. Ces deux hommes de l'art examinèrent l'auguste blessé. Il avoit repris connoissance, et sa première question avoit été : « le coupable est-il du » moins un étranger ? » On lui répondit que non. « Ah ! qu'il est cruel pour moi, » répliqua-t-il, de mourir de la main d'un » Français ! »

Mme la duchesse de Berry demanda au docteur Blancheton son sentiment sur la situation du Prince. « Ne craignez pas, lui » dit-elle, de me faire connoître la vérité : » je vous promets de la supporter avec cou- » rage. » Ce médecin répondit que le Prince n'ayant pas rendu de sang par la bouche, on pouvoit encore conserver quelque espoir. Il reconnut la plaie et la dégagea du sang caillé qui l'obstruoit déjà. De son côté, M. Drogard saignoit le Prince au bras droit et lui procuroit par-là un peu plus de jeu dans les organes. Monseigneur recouvra alors assez de force pour dire aux deux médecins : « Je suis bien sensible à » vos soins, mais ils sont inutiles; je suis » perdu. » M. Blancheton voulant détourner cette idée l'assura que la blessure n'é-

toit pas profonde. « Je ne me fais pas illu-
» sion, répartit le Prince; le poignard est
» entré jusqu'à la garde, je puis vous l'as-
» surer. » Lorsqu'on appliqua le premier
appareil, Mme la duchesse de Berry arracha
sa ceinture pour servir de bandage. Elle
seule, dans ce moment affreux, n'avoit pas
perdu sa présence d'esprit et déployoit le
caractère d'une ame forte, d'une ame péné-
trée des devoirs et des consolations de la
religion.

Cependant la vue du prince commençoit
à s'obscurcir et il disoit de temps en temps:
» Ma femme, êtes-vous là? » — « Oui, ré-
» pondoit la Princesse en essuyant ses
» pleurs; oui, je suis là, je ne vous quit-
» terai jamais. »

M. le docteur Lacroix arriva alors et fut
immédiatement suivi de M. Bougon, premier chirurgien ordinaire de Monsieur. Le
duc de Berry reconnut M. Bougon qui l'a-
voit suivi à Gand, et lui dit : « Mon cher
» Bougon, je suis frappé à mort. » Celui-ci
ne pouvoit proférer un mot; mais en attendant l'application des ventouses qui venoit
d'être ordonnée, il se mit à sucer la blessure
à plusieurs reprises. « Que faites-vous, mon

» ami ? lui dit le Prince, généreux jusqu'au
» dernier soupir, cessez, cessez, la plaie
» est peut-être empoisonnée ! »

Dès le moment où il avoit été frappé, le duc de Berry n'avoit cessé de réclamer les secours de la religion, prévoyant bien que ceux-là étoient les seuls qui pussent encore lui être utiles. Le comte de Clermont s'étoit rendu en toute hâte aux Tuileries pour en ramener Mgr. l'évêque de Chartres, confesseur du Prince et de son auguste père. Le prélat, en arrivant, trouva le royal pénitent assis dans un fauteuil, soutenu par ses gens, et entouré de chirurgiens. Le blessé avoit toute sa connoissance ; il tendit la main au respectable évêque, et demanda avec instance les derniers sacremens, en exprimant de la manière la plus édifiante ses sentimens de foi, de repentir et de résignation. Mgr. l'évêque de Chartres l'exhorta à mettre en Dieu toute sa confiance. Il ne pouvoit exiger de lui en ce moment une confession détaillée ; mais il lui demanda du moins un acte général de contrition, afin de pouvoir l'absoudre et tranquilliser sa conscience.

Le prince venoit d'obtenir ce soulagement

à ses maux, lorsque Mgr. le duc d'Angoulême, que le comte de Mesnard avoit été chercher, arriva dans ce lieu de douleur. L'entrevue des deux frères fut déchirante. Ils ne pouvoient ni l'un ni l'autre articuler une parole. Mgr. le duc de Berry fixoit sur son frère des regards douloureux; celui-ci, étouffé par les sanglots, pressoit la blessure de ses lèvres tremblantes, et l'inondoit de ses larmes.

On jugea alors nécessaire de transporter le duc de Berry hors du cabinet, et de le placer, dans une pièce voisine, sur une espèce de lit formé d'abord de quatre chaises et remplacé ensuite par un lit de sangle.

Ce fut là que le trouva Madame, duchesse d'Angoulême. Son époux, craignant pour elle quelque danger, ne lui avoit pas permis de l'accompagner; mais la fille de Louis XVI et de Marie-Antoinette est accoutumée à regarder en face la révolution et les crimes qu'elle fait commettre. Que lui importent les périls? son lot semble être toujours d'essuyer des larmes et de partager de grandes douleurs.

Le plus malheureux père, Monsieur, comte d'Artois, arriva aussi. Il ne vouloit

pas que personne l'accompagnât ; mais M.
le duc de Maillé, contrevenant à ses ordres
pour veiller sur les jours de cet excellent
prince, monta derrière la voiture et l'ac-
compagna ainsi à son insçu. Mgr. le duc
d'Orléans, madame la duchesse, son épouse,
et mademoiselle d'Orléans, sa sœur, avoient
été des premiers à se trouver auprès du
prince. M. le duc de Bourbon accourut à
son tour : il croyoit perdre une seconde
fois son malheureux fils.

Le prince témoigna alors le désir de donner sa bénédiction à Mademoiselle ; Madame
la vicomtesse de Gontaut venoit d'apporter
l'auguste enfant. Monseigneur leva sur sa
fille une main défaillante : « Pauvre enfant,
» lui dit-il, je souhaite que tu sois moins
» malheureuse que ceux de ma famille. »

Cependant M. le duc de Maillé et M. le
comte d'Audenarde étoient allés chercher
M. Dupuytren. Ce célèbre chirurgien arriva
à une heure. Quoique accoutumé à la vue
des douleurs humaines, il parut frappé de
consternation lorsque ses regards s'arrêtèrent
sur le prince, dont l'horrible blessure se
présentoit à découvert. Il s'approcha cependant : le duc de Berry, qui ne le connoissoit

point, l'ayant entendu nommer, lui tendit affectueusement la main, en lui disant qu'il souffroit cruellement. M. Dupuytren examina la blessure, puis se retira à l'écart pour consulter avec MM. Blancheton, Drogard, Bougon, Lacroix, Thercin, Caseneuve, Dubois, Baron, Roux et Fournier, tous médecins ou chirurgiens. On fut d'avis d'élargir la plaie, ce moyen étant le seul pour donner une issue au sang épanché dans la poitrine.

M. Dupuytren revint près du prince, et lui fit plusieurs questions sans pouvoir en obtenir de réponse. Il pria madame la duchesse de Berry de l'interroger à son tour. « Mon ami, lui dit-elle en se penchant sur le » lit, indiquez-moi l'endroit où vous souffrez. » Cette voix si douce pénétra jusqu'au cœur du prince, et ranima ses forces prêtes à s'éteindre. Il prit la main de sa femme, et la posa sur sa poitrine. « C'est là que vous » souffrez, lui dit madame la duchesse de » Berry? oui, répondit-il avec un effort » pénible, j'étouffe. »

Lorsque les chirurgiens s'approchèrent pour faire l'opération, Monsieur voulut faire retirer sa fille. « Mon père, lu dit-

» elle, ne me forcez pas à vous désobéir. »
Puis se tournant vers les gens de l'art :
« Messieurs, faites votre devoir. » Elle se
mit alors à genoux près du lit, et tint la
main gauche du prince, jusqu'à la fin de
l'opération.

L'instrument tranchant qu'il fallut introduire dans la blessure, fit éprouver au prince une douleur si vive, qu'il s'écria : « Laissez-
» moi, puisque je dois mourir. — Mon ami,
» lui dit sa femme en pleurs, souffrez pour
» l'amour de moi. — Souffrez pour l'amour
» d'un Dieu crucifié! ajouta l'évêque de
» Chartres. » Un mot de la princesse avoit calmé les douleurs de son époux : un mot du vénérable prélat fit succéder à un mouvement d'impatience, causé par la violence du mal, les sentimens de la plus parfaite résignation à la volonté de Dieu.

L'opération terminée, le prince éprouva un peu de soulagement; ses facultés devinrent plus libres, et il put songer à mettre ordre aux affaires de sa conscience. Ne pouvant connoître la durée des instans que Dieu lui accordoit comme par un miracle de sa toute-puissance, il pria M. Dupuytren de lui tenir la main, et de l'avertir quand il sentiroit le pouls remonter ou s'affaisser.

Se tournant alors vers la princesse, il lui dit ces paroles qui excitèrent dans l'assemblée un vif mouvement de surprise et presque de bonheur : « Mon amie, ne vous » laissez pas accabler par la douleur ; mé- » nagez-vous pour l'enfant que vous devez » encore donner à la France. » On ignoroit la grossesse de madame la duchesse de Berry, et cette révélation subite, faite aux portes du trépas, fut comme un dernier rayon du couchant, indice certain d'une aurore sans nuages.

Un instant après, des vomissemens survinrent. Le prince répéta à plusieurs reprises, qu'il croyoit le poignard empoisonné. « Qu'ai-je fait à cet homme? ajouta-t-il ; » c'est peut-être un homme que j'ai offensé » sans le vouloir. — Non, mon fils, lui » répondit Monsieur, vous n'avez jamais » vu, vous n'avez jamais offensé cet homme; » il n'avoit contre vous aucune haine per- » sonnelle. — C'est donc un insensé, re- » partit le prince. » Il s'étoit déjà informé plusieurs fois de l'arrivée du roi. « Je » n'aurai pas le temps, disoit-il, de deman- » der grâce pour la vie de l'homme. Pro-

» mettez-moi du moins, mon père, et vous
» aussi, mon frère, de demander au roi la
» grâce de la vie de l'homme. »

Ayant obtenu enfin un peu de calme, il tourna ses regards à moitié éteints, vers Mgr. l'évêque de Chartres. Celui-ci s'approcha alors du prince et le confessa, tandis qu'il étoit couché sur un matelas à terre, et que l'on remuoit son lit. Ayant rempli ce pieux devoir, le fils de saint Louis, semblable à son aïeul expirant sur une couche de cendre, fit un aveu public de ses fautes et demanda pardon à Dieu de ses offenses, et des scandales qu'il avoit pu donner. « Mon Dieu, ajouta-t-il, pardonnez-moi, » pardonnez à celui qui m'a ôté la vie ! » Il demanda ensuite à Monsieur sa bénédiction. Ce père infortuné la lui donna en fondant en larmes.

On replaça le prince sur son lit, et le duc d'Angoulême se remit à genoux à ses côtés. « Ah ! mon frère, lui dit le mourant, vous » qui êtes un ange sur terre, croyez-vous » que Dieu me pardonne ? — Vous pardon- » ner ! répondit Mgr. le duc d'Angoulême, » il fait de vous un martyr ! »

En ce moment, le curé de Saint-Roch

arriva avec les saintes huiles. Le duc de Berry demanda le Viatique ; mais l'évêque de Chartres lui dit, avec un vif regret, qu'il ne pouvoit le recevoir à cause de ses vomissemens. Le prince se résigna, fit un signe de croix, et attendit l'extrême-onction, qu'il reçut avec toute sa connoissance.

Cependant il sentoit approcher sa dernière heure, et tomboit dans de fréquentes défaillances. On l'entendit plusieurs fois répéter à voix basse : « Que je souffre ! que cette nuit est longue ! le roi vient-il ? » Il appeloit souvent son père ; et son père, étouffant ses sanglots, répondoit : « Je suis là, mon ami. » Lorsqu'on lui apprit que les maréchaux de France étoient arrivés : « J'espérois, dit-il, verser mon sang au milieu d'eux pour la France. » On lui annonça M. de Nantouillet. « Viens, mon bon Nantouillet, mon vieil ami, s'écria-t-il en faisant un effort, que je t'embrasse encore une fois ! » Cet ami si fidèle, ce compagnon du malheur comme de la fortune, se précipita sur la main du prince, et ne put que l'inonder de ses larmes.

Une foule d'autres serviteurs affectionnés entouroient le lit du prince et sembloient former son dernier cortége. Une multitude bien plus grande encore assiégeoit tous les passages qui conduisoient à l'appartement du prince, et attendoit avec l'anxiété la plus cruelle les nouvelles tantôt alarmantes, tantôt favorables que donnoient ceux qui en sortoient.

A cinq heures le bruit d'une voiture se fit entendre, et le mourant parut revivre. C'étoit le roi. Lorsque S. M. entra : « Mon » oncle, dit aussitôt le duc de Berry, don- » nez-moi votre main, que je la baise pour la dernière fois. « Le roi, dont on avoit jusqu'alors entretenu la sécurité, fut frappé lui-même d'un trait poignant ; mais sa douleur parut aussi majestueuse que celle de Louis XIV, lorsqu'après avoir perdu successivement son fils, son petit-fils et son arrière-petit-fils, il voyoit l'espoir de la monarchie reposer sur la tête d'un enfant de deux ans. Louis XVIII, comme son auguste aïeul, éleva son ame vers le ciel et se sentit la force de supporter l'affreux malheur qui s'offroit à ses yeux. Cédant au désir de son neveu, il lui donna sa main à baiser et baisa lui-même celle de ce prince infortuné. » Mon oncle, lui dit ce dernier, je vous

» demande la grâce de la vie de l'homme. »

Le roi, profondément ému, répondit :
« Mon neveu, vous n'êtes pas aussi mal que
» vous le pensez, nous en reparlerons. »
— Le roi ne dit pas *oui*, reprit le prince
» en insistant. Grâce au moins pour la vie
» de l'homme, afin que je meure tran-
» quille ! »

Quelques instans après, il revint encore
sur le même sujet, et dit : « La grâce de la
» vie de cet homme eût pourtant adouci
» mes derniers momens. »

Le roi, s'approchant alors de M. Dupuytren, lui demanda en latin son opinion sur
l'état du prince. Ce célèbre chirurgien fit au
monarque un signe qui ne lui laissa aucune
espérance.

Cependant le duc de Berry sembloit avoir
réuni tout ce qui lui restoit de force pour
recevoir le chef de son auguste maison. Il
parloit plus librement, son pouls étoit moins
foible et sa poitrine moins comprimée. Il
témoigna ses craintes que la santé du roi
ne souffrît de ce que l'on avoit troublé son
sommeil et le supplia d'aller se remettre au
lit. « Mon enfant, répondit le roi, j'ai fait

» ma nuit ; il est cinq heures. Je ne vous
» quitterai plus. »

Bientôt le Prince, qui ne s'étoit point abusé sur le soulagement apporté à ses maux par cette présence du Roi, toujours faite pour ranimer un cœur français, sentit approcher une nouvelle défaillance, et dit : « C'est ma fin. »

Jusqu'à ce moment, madame la duchesse de Berry avoit pu contenir sa douleur; mais elle dut enfin la laisser éclater. Le Prince l'entendit et s'écria : « Ses sanglots me » tuent; emmenez-la, mon père! » On entraîna la Princesse dans le cabinet voisin où elle fut environnée de toutes les dames attachées à sa maison. Leurs soins empressés et surtout les larmes qu'elle put répandre en abondance la soulagèrent un peu. Elle promit alors de se modérer mieux, et se sentant plus de courage, elle rentra dans l'appartement du Prince.

Il s'affoiblissoit de plus en plus. Sa voix éteinte ne s'exprimoit que d'une manière entrecoupée ; mais dans ce peu de mots qui ne s'échappoient de sa bouche qu'avec les plus grands efforts, on retrouvoit encore le cœur d'un Bourbon : » Du moins si j'em-

» portois l'idée...... que le sang d'un
» homme.... ne coulera pas pour moi.....
» après ma mort!.... «

Regret touchant du juste qui ne sait ce que c'est que la vengeance! le nom même d'assassin ne lui vient point à la pensée en parlant de son meurtrier. C'est toujours *l'homme* qu'il l'appelle. Et le misérable méritoit-il encore ce nom! Interrogé sur les motifs de son crime, il déclaroit qu'il avoit agi en haine de la famille royale ; qu'en frappant de préférence le duc de Berry, c'étoit pour tuer en lui *toute sa race;* que si lui, meurtrier, s'étoit échappé, il seroit allé se coucher; et que le lendemain il eût renouvelé son attentat sur la personne de Mgr. le duc d'Angoulême. Lorsqu'on lui parla de Dieu, il répondit avec un sourire infernal : *Dieu n'est qu'un mot.* Que de crimes ce blasphême nous explique! que de vérités il nous dévoile ! ! !

L'aube du jour commençoit à paroître. La Capitale, encore plongée dans le sommeil, ignoroit le crime de la nuit ; elle dormoit paisible sous la garde de son Roi, et ce Roi, avec toute sa famille veilloit près d'un lit de mort ! le foible espoir qu'on avoit osé entrevoir s'évanouissoit entièrement. Les symptômes alarmans étoient revenus. La mort se montroit avide de sa proie. Le Prince demanda à être changé de côté ; les médecins s'y opposèrent; le Prince insista. On crut devoir alors céder à son désir. Tandis qu'on le tournoit sur le côté gauche, on l'entendit prononcer à voix basse ces derniers mots : « Vierge sainte ! faites-moi » miséricorde. » Il ne fut pas possible de comprendre quelques autres paroles qui suivirent cette exclamation, et un instant après toutes les facultés du Prince s'évanouirent sans retour.

Le plus malheureux des pères dut en ce moment oublier sa douleur pour ne songer qu'à celle de sa fille. Il parvint à l'entraîner une seconde fois hors de l'appartement ; mais à peine avoit-elle cédé à ses représentations qu'elle revient sur ses pas, renverse tout sur son passage, se précipite sur le corps de son époux en poussant un cri déchirant.... Hélas ! il ne pouvoit plus l'entendre !

On doutoit encore.... Pour s'assurer de l'horrible vérité, on présente à la bouche du Prince une surface de verre; mais le souffle que l'on cherchoit ne reparoît plus.... alors tous les assistans tombent à genoux ; on n'entend plus que sanglots et prières : aux fragiles espérances de ce monde, en a succédé une autre : c'est en Dieu seul qu'elle repose. Ah ! sans cette espérance, fille de la foi, il est des douleurs que l'ame la plus forte ne sauroit supporter.

Le bruit de la mort du duc de Berry parvint en un instant à l'extérieur de l'appartement ; des gémissemens prolongés le répètent de proche en proche parmi la foule amassée aux environs ; mais à cette première clameur succède bientôt un morne silence. Tout ce qui entoure le lit funèbre semble glacé du froid mortel. Mme la duchesse de Berry rompt la première ce silence de douleur : « Sire, dit-elle en se tournant vers le » Roi, j'ai une grâce à requérir de votre » majesté ; elle ne me la refusera pas. » Le Roi écoute. « Je vous demande, ajoute-» t-elle d'un ton d'égarement, la permis-» sion de retourner en Sicile, je ne puis » plus vivre ici après la mort de mon » mari. » Veuve infortunée, elle ne songeoit pas qu'elle se devoit à la France, qu'elle lui devoit surtout un gage de la bonté céleste, et que des jours de bonheur lui étoient encore réservés. Le Roi s'efforça de la calmer; mais la violence qu'elle s'étoit faite trop long-temps avoit presqu'anéanti ses facultés; on dut la transporter à son carrosse pour la reconduire au palais qui n'avoit plus que de cruels souvenirs à lui rappeler.

Les Princes supplièrent alors le Roi de s'éloigner. « Je ne crains pas le spectacle de » la mort, répondit-il ; j'ai un dernier de- » voir à rendre à mon fils. » Il s'avança, appuyé sur le bras de M. Dupuytren, ferma les yeux et la bouche du Prince, lui baisa la main et se retira sans proférer une parole. Chacun le suivoit en silence, et M. Bougon demeura seul pour garder le corps.

Cependant, à mesure que les habitans de Paris s'éveilloient, ils apprenoient la nouvelle fatale. Le peuple, sortant de sa demeure au point du jour pour se livrer à ses rudes travaux, fut le premier instruit. *Le premier malheur qu'il rencontra, fut la mort d'un Prince, père des pauvres, soutien des infortunés !* La consternation se répandit en peu d'heures d'une extrémité à l'autre de la capitale, et de là dans toute la France. Une terreur profonde s'emparoit des cœurs les moins susceptibles de ces sortes d'impressions. On se demandoit de quelle puissante conjuration l'infâme Louvel avoit été l'instrument, ou plutôt on la reconnoissoit à ses œuvres, et l'on trembloit en songeant aux têtes augustes qui demeuroient en butte aux poignards.

L'effet produit par cette nouvelle fut si terrible, que plusieurs personnes en moururent de saisissement : des prêtres tombèrent morts sur l'autel même où ils alloient prier pour le fils de France. Tous les rois se crurent atteints du coup qui l'avoit frappé, et l'Europe entière en fut un moment ébranlée. Mais à cet effroi universel, vint se mêler un sentiment d'admiration, quand toutes les circonstances de cette mort héroïque furent connues. Il parut évident, en effet, que Dieu n'avoit prolongé les souffrances du Prince pendant quelques heures que pour le faire mieux connoître, et donner au monde la plus belle des leçons ; car il fut reconnu, lors de l'ouverture du corps, que le fer avoit pénétré jusque dans le cœur, et que, sans un miracle, le Prince eût succombé sous le coup.

Il fut porté d'abord chez M. le marquis d'Autichamp, gouverneur du Louvre, et transféré ensuite dans une chapelle ardente, sous les voûtes de la même salle où jadis le corps de Henri IV avoit été déposé.

Ce fut là que tout un peuple vint apporter l'hommage de ses regrets. La foule, sans cesse renaissante, assiégeoit l'ancienne demeure de nos rois, pour prier et jeter de l'eau-bénite sur le cercueil. Un nombre infini de personnes de tout état furent admises à remplir ce triste devoir. On racontoit mille traits de la bonté du Prince ; des vœux aussi sincères que désintéressés étoient à chaque instant formés pour lui. De pauvres femmes allèrent mettre en gage une partie de leurs vêtemens, afin de faire dire une messe pour le repos de l'ame du fils des rois !

Une dernière et magnifique demeure se préparoit pour la dépouille mortelle du duc de Berry. Les tombeaux de Saint-Denis, veufs des cendres de tant de rois, attendoient celles qui n'eussent pas dû sitôt venir les remplacer. Le jour fixé pour la cérémonie, on vit les classes du peuple les plus pauvres se mêler au cortège, et arroser la route de leurs larmes. La confrérie des charbonniers, désirant payer la dette de la reconnoissance, fut admise à marcher au milieu des troupes qui accompagnoient le convoi. Les habitans des villages qu'il fallut traverser, avoient cessé tout travail, et décoré leurs chaumières de ce qu'ils avoient de plus précieux. Le drapeau blanc, comme aux jours de fête, ornoit leurs croisées ; mais, entouré d'un crêpe funèbre, il disoit assez que cette solennité étoit celle de la mort.

Pendant tout l'intervalle qui s'écoula entre la translation du corps et les funérailles, il demeura exposé dans la chapelle ardente de Saint-Denis. On y voyoit arriver chaque jour des députés des villes et des hameaux voisins. L'église étoit constamment remplie de paysans, de gens du peuple, parmi lesquels se mêloient de grands personnages, de vieux amis des Bourbons, accoutumés à souffrir avec eux et pour eux ; de nouveaux soutiens de la monarchie dont le cœur connoissoit enfin les vertus de nos rois. Toutes les provinces du royaume envoyoient des adresses, et jamais il n'y en avoit eu de plus sincères.

Enfin il fallut mettre un terme à ces témoignages publics d'une douleur que rien ne pouvoit calmer. Les honneurs réservés aux Rois seuls furent rendus au fils des Rois. La basilique de Saint-Denis, tendue de noir dans la longueur de la voûte, étoit semblable à un vaste tombeau. Des cordons de lumières se dessinoient sur les draperies funèbres ; des candélabres d'argent ; des colonnes, de riches lampadaires, ornoient le pourtour de l'église et le somptueux cénotaphe élevé au milieu. Un clergé nombreux, les Ambassadeurs étrangers, les Pairs, les Députés, tout ce que la cour a de plus éminent, l'armée de plus illustre, la magistrature de plus respectable, remplissoient le chœur, la nef, les chapelles et les galeries.

Que d'éclat dans une telle réunion ! quelle pompe, quelle magnificence, mêlée au balancement lugubre des cloches, aux foudres d'une nombreuse artillerie ! et tout cela devant un cercueil muet ! *magnifique témoignage de notre néant*, eût dit le prince des orateurs chrétiens.

Après la messe, on ôta le cercueil du catafalque pour le descendre dans le caveau. Mme la duchesse d'Angoulême, jusques-là si forte, si héroïque dans sa douleur, ne put résister à la vue de ce cercueil ; elle se sentit prête à s'évanouir et fut obligée de quitter la tribune où elle étoit placée. Le Roi, à genoux, laissa tomber sa tête vénérable sur ses deux mains jointes ; il paroissoit enseveli dans une profonde méditation. Les gardes de Monsieur portoient le corps de son malheureux fils. Leurs pas lents et mesurés, leurs têtes courbées, la pâleur de leurs fronts peignoient le sentiment dont leurs cœurs étoient pleins. Mgr. le duc d'Angoulême descendit le premier dans le souterrain où l'on alloit déposer son frère. Ensuite, selon l'antique usage, les hérauts d'armes appelèrent les serviteurs du Prince, qui vinrent l'un après l'autre placer ses insignes sur le cercueil. « Le prince est mort, » ajouta le héraut, que l'on prie Dieu pour » son ame. »

Mgr. de Bombelles, évêque d'Amiens, qui, d'ancien compagnon d'armes du duc de Berry, étoit devenu premier aumônier de madame la duchesse, fut chargé de porter le cœur du Prince ; c'est en le présentant aux portes de la basilique qu'il s'exprima ainsi :

» Pour me conformer aux ordres de Sa
» Majesté, et remplir le plus douloureux
» des devoirs, j'ai l'honneur de présenter à
» la sépulture des Rois, ses ancêtres, les
» précieux restes de très-haut et très-puis-
» sant Prince, Monseigneur Charles-Fer-
» dinand d'Artois, duc de Berry, fils de
» France ; son cœur, que vous avez devant
» les yeux, fut le plus noble et le plus gé-
» néreux qui existât jamais : la foi la plus
» sincère, la bravoure la plus brillante, la
» plus loyale chevalerie, la piété la plus
» filiale, toutes les grâces de l'esprit, tous
» les trésors de l'amitié, accompagnoient
» une bienfaisance sans bornes et la plus
» ingénieuse charité. Après un coup affreux,
» six heures des plus cruelles douleurs fu-
» rent miraculeusement accordées à ce
» Prince, pour que tout ce que la religion
» a de plus sublime lui méritât la couronne
» du martyre. Il nous est permis de croire
» que, du haut du ciel, il jouit de nos hom-
» mages en intercédant pour la France, qui
» ne cessera jamais de le pleurer. »

A ce tableau des vertus du Prince, qu'il
nous soit permis d'ajouter ce portrait qu'un
écrivain a fait de sa personne :

10 *

» Il avoit la tête grosse, comme le chef
» des Capets, la chevelure mêlée, le front
» ouvert, le visage coloré, les yeux bleus
» et à fleur de tête, les lèvres épaisses et ver-
» meilles. Son cou étoit court, ses épaules
» un peu élevées, ainsi que dans toutes les
» grandes races militaires. Sa poitrine, où
» son cœur battoit sans défiance et sans
» peur, offroit une large face au poignard.
» Mgr. le duc de Berry étoit de taille
» moyenne, de même que Louis XIV.....
» Il avoit la mine brave, l'air de visage
» franc et spirituel; sa démarche étoit vive,
» son geste prompt: son regard assuré, in-
» telligent et bon, son sourire charmant. Il
» s'exprimoit avec élégance dans le com-
» mun discours, avec clarté dans les af-
» faires, avec éloquence dans les occasions
» importantes. On retrouvoit dans Mgr. le
» duc de Berry, le prince, le soldat,
» l'homme qui avoit souffert, et l'on se sen-
» toit entraîné vers lui, par une certaine
» bonne grâce mêlée de brusquerie, atta-
» chée à toute sa personne. »

Le Roi, connoissant l'attachement de son
neveu pour la ville de Lille, crut accomplir
le sens des paroles que nous avons déjà rap-

portées (1), en ordonnant que les entrailles
du Prince fussent déposées dans la princi-
pale église de cette ville. Elles y furent ap-
portées en grande pompe, sous la conduite
de Mgr. l'Évêque d'Amiens et escortées par
un détachement des gardes de Monsieur.
Cette touchante cérémonie renouvela toutes
les sensations qu'avoit fait naître celle de
Saint-Denis. Les habitans de Lille et ceux
des communes voisines, accourus en foule
pour rendre un dernier hommage à leur
prince chéri, s'abandonnèrent en voyant ses
tristes restes, à une douleur inexprimable.
Ils sembloient recevoir pour la première fois
la nouvelle de sa mort. Ce précieux dépôt,
après qu'un service solennel eut été célébré,
fut placé dans une des chapelles de l'église
de Saint-Maurice, où ne tarda pas à s'élever
un monument en marbre, témoignage d'a-
mour moins durable encore que le souvenir
qu'il est appelé à retracer aux générations
futures.

Ainsi que nous l'avons dit, le cœur de
Mgr. le duc de Berry avoit été déposé pro-
visoirement dans la basilique du patron de

(1) *C'est entre nous à la vie et à la mort.*

la France. M.me la duchesse réclama bientôt ce cœur comme son bien, et le Roi s'empressa d'accéder à sa demande. M. le duc de Lévis reçut la pénible commission de demander à l'auguste veuve où elle vouloit que fût placé le cœur de son époux. Voici la réponse qu'il en reçut :

« Mes intentions sont arrêtées. Je vais
» faire construire à Rosny un bâtiment
» composé d'un pavillon et de deux ailes;
» dans l'une on soignera des malades, dans
» l'autre on élevera de pauvres enfans ; le
» milieu sera une chapelle où l'on priera
» pour mon mari. »

Les enfans et les pauvres étoient en effet ce que le Prince chérissoit davantage ; on ne pouvoit donc mieux placer son cœur qu'entre deux monumens consacrés à ce qu'il avoit aimé. L'on a remarqué encore, comme une circonstance heureuse, que le vieux château de Sully soit devenu le sanctuaire où repose le cœur d'un petit-fils de Henri IV.

Telles furent la vie et la fin d'un Prince dont les vertus eussent fait notre bonheur, et dont les défauts même tenoient à de grandes qualités. Le ciel qui nous l'a ôté n'a pas voulu du moins nous laisser sans consolation. Un fils, né de lui, nous retrace déjà quelques-uns des plus beaux traits de son caractère. Tout un royaume espère en cet enfant, dont la naissance tient du miracle. Puisse-t-il croître paisiblement sur les degrés d'un trône consacré aux vertus, et rendre un jour à la France toutes celles du bon Roi dont il a reçu le nom.

FIN.

OUVRAGES NOUVEAUX.

ABRÉGÉ (nouvel) de l'Histoire de France, depuis le commencement de la monarchie jusqu'au règne de Charles X, précédé d'une notice sur la Maison de Bourbon; et suivi du tableau des mœurs et coutumes des Français sous les trois races, *à l'usage des collèges et des maisons d'éducation;* par H. Prévault. *Lille,* 1827, in-18. carte.

L'auteur de ce nouvel abrégé s'est appliqué à comprendre, dans un seul volume, toute l'histoire de France, à en rendre la lecture agréable par une narration vive et animée, à fixer les faits les plus remarquables dans la mémoire du lecteur, en multipliant les indications des dates, enfin, à peindre nos ancêtres, et à faire connoître leurs institutions et leurs usages, en traçant un tableau des mœurs et des coutumes des Français depuis le commencement de la monarchie.

Une carte de France, avec la division par départemens et par province, et une notice sur la maison de Bourbon, par un de nos écrivains les plus distingués, ajoutent un nouveau degré d'intérêt à cet ouvrage, qui se recommande, par tant de titres, aux pères de famille, à la jeunesse et à tous ceux qui sont chargés de l'éducation.

VIE DE LOUIS XVII, suivie de notices intéressantes sur les augustes victimes du Temple. in-18. fig. *Lille*, 1827.

VIE DE MARIE LECZINSKA, reine de France, écrite sur les mémoires de la cour, par l'abbé Proyart. in-12. fig.

VIE DE St. LOUIS, roi de France. in-18. fig. *Lille*, 1827.

LES JEUNES BOURBONS, proposés pour modèles à la jeunesse française. in-18. fig.

TRÉSORS DE LA POÉSIE ET DE L'ÉLOQUENCE, ou témoignages unanimes rendus à la Religion et à la Morale par les poètes, les orateurs, les philosophes et les savans les plus célèbres. 2 vol. in-12, 1826.

Cet ouvrage réunit, dans un même cadre, les plus beaux morceaux de la littérature et les hommages les plus imposans et les plus solennels rendus à la Religion et à la Morale. Former le jugement sur les auteurs et sur leurs ouvrages, orner l'esprit des plus beaux morceaux de poésie et de prose; porter le cœur au bien par le tableau de nobles sentimens et d'actions vertueuses, affermir l'ame dans la Foi par le témoignage des plus grands génies, par les monumens de l'antiquité, par les traditions des peuples, tels sont les avantages que promet la lecture de cet intéressant recueil.

www.ingramcontent.com/pod-product-compliance
Lightning Source LLC
Chambersburg PA
CBHW070523100426
42743CB00010B/1929